別再恐懼自己的

恐懼

25個恐懼的治療與自療

方婷 著

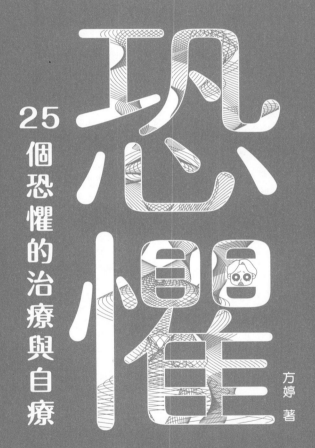

非凡出版

推 薦 序 一

　　對許多城市人來說，活在恐懼是一種持續的身心折磨。究竟恐懼感是怎樣形成的？又如何治療與消除恐懼？怎樣處理負面情緒所帶來的困擾呢？這本圖文並茂的書籍，簡化了一些深澀難明的傳統心理治療方式和概念，以不同個案作為引子，讓讀者了解各式各樣恐懼，例如：對物件、動物、人際關係和特定環境，產生恐懼的原因，其背後的因果關聯，以及心理治療的效用；再配合圖解和簡易的三個自療步驟，讓讀者一目了然，閱讀後能應用，自行療癒。

　　本人與作者方婷小姐共事多年，她好學不倦，而且確切實踐所學，在心理療法範疇上已卓然有成。方小姐喜愛觀察和思考，涉獵不同學術知識，並累積多年的臨床經驗，融合中、西方文化及心理學理論，整理出一套整合的心理治療療法。讀者可於文章中分享她多年以來的研究心得與法則，協助治療恐懼，擺脫生活困擾。

　　這是一本結合知識性與趣味性的好讀物，以提高讀者對恐懼的認識和研究應用心理學的興趣。

林榮基博士
明德學院副教授

很高興拜讀方婷校友新作《別再恐懼自己的恐懼 —— 25 個恐懼的治療與自療》一書。作者以傳統心理學為基礎，輔以圖解及引用豐富案例的方式，精要地解釋不同類型的恐懼症及恐懼問題的成因，以及提供治療、自療的方法，令讀者對心理學、恐懼症及恐懼問題有進一步的認識，往健康人生的道路繼續前行，值得感恩之餘，我也為方校友身體力行，實踐「光與生命」、「人人為我，我為人人」的校訓精神，感到欣慰！

世道衰微，人心不古，身心健康並非唾手可得，社會大眾需要良方妙藥輔助身心發展，保持健康。期望是書惠澤人群，為社群的健康出一分力，有如盛夏的一抹涼風。

生命有時，神恩無盡！

嚴志成博士
港島民生書院校長

推薦序三

認識方婷自她為完成輔導心理學碩士學位到我校實習開始，這已經不知是她第幾個學位了，我很欣賞她對知識的追求及實踐，立下持續進修的好榜樣。

除了不斷進修外，方婷亦有很多不同興趣，而寫作就是其中一項。過去她已經出版了《做自己的心理催眠師 —— 圖解催眠治療》和《做自己的失眠治療師 —— 圖解失眠治療》，這一本名為《別再恐懼自己的恐懼 —— 25 個恐懼的治療與自療》已經是她第三本著作了。

每個人或多或少總會恐懼某些東西，如兒時會恐懼黑夜、少年會恐懼鬼怪、病人會恐懼死亡等。有些恐懼會隨着時間自然減少，甚至消失；然而，有些恐懼則必須靠治療才能減少。你的恐懼感來自甚麼？怎樣解構恐懼感之迷？方婷小姐這一本《別再恐懼自己的恐懼 —— 25 個恐懼的治療與自療》或可給你一點啟示。

當恐懼感嚴重影響你生活的話，當然要立即找專業治療了。

張展鈴校長
民生書院幼稚園

自 序

　　執筆編寫這書之時，正和繁重的教學工作、進修、實習同步進行。本書的源起，是這幾年執業期間遇上了不同恐懼個案及背後的故事，恐懼的種類表面上是千變萬化，其實是千篇一律。當我們剝開恐懼，裏面全部都是我們熟悉的過去。恐懼是與生俱來的，沒有人能倖免。若非因生命受威脅，多餘的恐懼，不論是恐懼動物、死物，或是恐懼無形無相的鬼神、圖象或聲音，當事人都不只是恐懼他的刺激物，而是恐懼自己的恐懼。

　　人生充滿許多不同形態的恐懼，恐懼可以是壓力，也可以是提醒和叮囑。治療恐懼唯一的方法就是了解恐懼、面對恐懼、轉化恐懼和放下恐懼。心理治療，就是這麼一個過程，將恐懼轉化成意義，將無以名狀的情緒轉為可以調節的認知。每個人都是獨一無二的，最好的治療，是自我療癒；最貼心的治療師，是自己的潛意識。快樂就是，能掌握和適應自己的情緒，能清楚聆聽並回應內心真正的需求，發掘出個人獨有的潛能，欣賞生命；並裝備自己，應付生活的挑戰。

　　當我們對恐懼的看法改變，對恐懼的恐懼也會隨之而改變。

方婷

目　錄

本書所有個案及內容均根據真實案例改編，

基於私隱及保密原則，

當事人的身份及名稱均屬虛構，

而當中部分資料亦經修改。

恐懼是甚麼？

恐懼的治療

與自療

恐懼症，
是你與自己的恐懼戰鬥，
與恐懼的物件和場地
無關。

電影《玩轉腦朋友》（*Inside Out*）中，主人韋莉（Riley）在成長過程陸續經歷、感受並認識不同的情緒，當中相繼出現的包括阿樂、阿愁、阿驚、阿怒和阿憎。其實對於每一個人而言，這些皆是從小陪伴我們一起成長、不會陌生的「腦朋友」。當中阿驚出場的一幕，主人韋莉正面對未知的危機，在評估過後「驚」的情緒出現，韋莉便立即避開。事實上，阿驚是緊張大師，他的出現是要替我們避開危險，協助我們應付生活的種種。一般而言，驚和恐懼是人皆有之的情緒反應，比如說黑夜獨自在昏暗又不熟悉的街道上行走，很多人都不禁冒起一絲緊張恐慌，心生怯意。此時，我們或會心跳加速，或會加快步伐離開，這是人們正常的生物反應，以保障生命不受危險的事物威脅。

若說恐懼是人類應有的基本反應，那麼怎樣才算是病態？

1872 年，達爾文在他的著作《人類和動物的情緒表達》中，指出情緒是對所處環境的恰當反應，可以增加人們生存的機率。恐懼情緒的產生是人類自我保護意識中的其中一種反應，適當的恐懼更是必須的，例如一般人會在突然看到甲由或小昆蟲撲向身上時大叫，或站在高處感到心跳加速，不敢向下望。恐懼在我們人生的角色，是保護也是局限，然而當這種情緒過分放大，影響生活、工作、人際，或我們會因逃避恐懼而放棄一些正常的喜好或活動時，便有機會不只是恐懼，而是有「恐懼症」了。恐懼症屬於偶發性的焦慮，通常由特定的場景或物件誘發出來，在一段時間引致極端的恐慌和害怕。另外，也有不能預算、沒有特別原因而無法逃避的突然恐懼發作。恐懼症發作時患者的感覺會非常強烈，個人的不安會在瞬間令當事人感到身心非常不適，除經歷心理驚恐外，會經歷的生理症狀包括：

- 頭暈
- 冒汗
- 或冷或熱
- 心跳加速、心悸

- 噁心、肚子不舒服
- 胸口痛或有沉重感
- 對四周感覺不真實
- 害怕自己失去控制和知覺

- 哽塞感
- 害怕自己會死亡
- 呼吸困難

最早對恐懼的記述是古希臘醫生 Hippocrates 在約 2400 年前的個案記錄，當中包括不少今天仍常見的恐懼，如社交恐懼、廣場恐懼、動物恐懼等。然而當時並未有「恐懼」（Phobia）一詞。直至差不多 500 年之後，羅馬醫生 Celses 用上了「Hydrophobia」一詞去形容個案對水的恐懼，才開始以「Phobia」去形容恐懼症。後來到了十九世紀後期，醫學專家把不同的精神和心理問題分門別類，才廣泛和獨特地應用這個詞。

恐懼的成因

人最基本的恐懼，就是因為潛意識從經驗學習到甚麼是「危險」，繼而大腦發出保護自己的指示。就如動物，恐懼本身是保護機制，遇上有危險的情況可逃跑保命。進化論學家相信，雖然現代人已不用在野外或靠捕獵為生過活，但在腦海深處已建立了對危險情況的本能反應。

最直接形成恐懼的原因，是受某次不良和負面的遭遇影響而建立起對某地或某物產生恐懼的感覺，腦內把該地方或物件聯結到恐懼的情緒，在反覆不成功克服後，大腦便會加強此聯結，久而久之便形成恐懼症。比如一個有飛行恐懼症的患者，本來對飛行並沒有任何恐懼，但當某次他坐飛機時遇上強烈氣流，機上其他人也有點緊張時，他腦海馬上聯想到一些災難性的畫面，如飛機失事、自己墜機身亡等，因而生理上心跳加速，手心出汗，越來越緊張。這種外在環境的狀況（飛機遇上氣流）便和恐懼及災難思想聯結。當下次再遇上氣流時，此強烈的恐懼便會立即出現，使得患者連飛機也害怕乘坐。

人 + 飛行　　　　→　　不恐懼

人 + 氣流　　　　→　　恐懼

人 + 飛行 + 氣流　→　　恐懼

人 + 飛行　　　　→　　恐懼

◆ 恐懼症的惡性循環 ◆

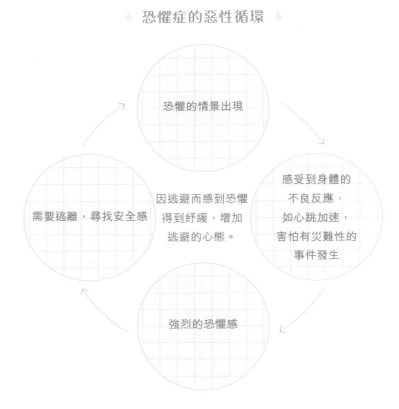

恐懼的情景出現

感受到身體的
不良反應，
如心跳加速，
害怕有災難性的
事件發生

強烈的恐懼感

因逃避而感到恐懼
得到紓緩，增加
逃避的心態。

需要逃離，尋找安全感

　　有一個有趣的發現，就是我接觸過「驚鬼」的人，都是從未見過「鬼」的，可是其恐懼卻十分真切。那麼到底恐懼必須親身經歷過，有聯結才會出現，還是可有其他解釋？其實，在學術研究的領域上，不少專家指出恐懼症除了自身的不良經驗外，還跟生物進化和基因遺傳有關。美國 Emory University 精神學系 Dr. Brian Dias 研究發現，某種恐懼櫻花的老鼠的後代，雖完全沒有聞過櫻花的氣味，卻比在實驗中通過外部刺激，使老鼠對櫻花的味道產生「恐懼症」的老鼠更害怕這種氣味。故此研究人員認為「恐懼症」可以是先天遺傳的。此外，研究顯示，父母在生育後代之前的經歷，亦會對後代的氣味神經系統結構和功能造成影響。也就是說，如果你的父母或祖先有某種恐懼，其恐懼的事物也很大機會會影響我們。

　　從觀察學習的方向分析,即使沒有正面經歷過被刺激物直接引發的驚恐情緒,透過觀察學習其他人對某件事物的行為反應,也能習得恐懼。在上世紀六十年代,心理學教授 Susan Mineka 指出,實驗室內本來不害怕蛇的猴子,因看到別的猴子被蛇嚇到的錄像而對蛇產生恐懼。就如我們不一定直接被蛇咬過才會對蛇恐懼。透過看電影、電視或報紙也會產生「蛇很危險」而害怕的印象,再加上幻想和對實際刺激物的重複內化負面情緒,恐懼症便有可能產生。另外,澳洲研究人員 Carmen Moran 和 Gavin Andrews 曾經訪問過 60 個患有廣場恐懼的患者,1/8 表示他們家族中也有人同樣有此恐懼的歷史,這比例比一般人高 2 至 3 倍。

　　精神分析學派的恐懼分析認為,潛藏在記憶深處的創傷性恐懼,也可能會被和以前危險處境連結在一起的負面情緒反應引發。神經科學家 Joseph LeDoux 指出,有關恐懼的記憶會儲存在杏仁核(Amygdala)中,而且基本上會成為腦內無法抹滅的印記。當恐懼的訊號響起,杏仁核是第一個啟動的腦內區域,在理性思考判斷如何面對恐懼的狀況前,戰和逃的反應已發生。舉例說,當恐懼蛇的人,在下意識感知到在叢林中有一條條狀的東西在地上,即時就會想到是蛇而感覺到恐懼,然後,大腦皮質才接着進一步辨識和處理這些訊息,之後辨識到只是一條繩。

　　在 1951 年,美國《精神疾病診斷與統計手冊》(*Diagnostic and Statistical Manual of Mental Disorders*)將「恐懼症」正式納入其中。1966 年,精神科醫生 Marks 及 Gelder 的報告已把「恐懼障礙」根據誘發焦慮感的情景分成 3 類:社交恐懼症(Social Phobia)、廣場恐懼症(Agoraphobia)和特殊恐懼症(Specific Phobia)。於 2013 年更新的《美國精神疾病診斷手冊 DSM-5》[1] 中,對於這 3 種恐懼症的診斷條件分別是:

1　《精神疾病診斷與統計手冊》(*The Diagnostic and Statistical Manual of Mental Disorders*,簡稱 DSM)由美國精神醫學學會出版,是一本在美國與其他國家中最常使用來診斷精神疾病的指導手冊。此書經多次改版,DSM-5 為第五版。

社交恐懼症（Social Phobia）的條件包括：

- 當事人由於面對可能被他人審視的一種或多種社交情況時而產生顯著的害怕或焦慮。如社交互動（對話、會見陌生人）、被觀看（吃、喝的時候），以及在他人面前表演（演講時）。註：兒童的這種焦慮必須出現在與同伴交往時，而不僅僅是與成年人互動時。

- 當事人害怕自己的言行或呈現的焦慮症狀會導致負面的評價（即被羞辱或尷尬；導致被拒絕或冒犯他人）。

- 社交情況幾乎總是能夠觸發害怕或焦慮。註：兒童的害怕或焦慮也可能表現為哭鬧、發脾氣、驚呆、依戀他人、畏縮或不敢在社交情況中發言。

- 主動迴避社交情況，或是帶着強烈的害怕或焦慮去忍受。

- 這種害怕或焦慮與社交情況和社會文化環境所造成的實際威脅不相稱。

- 這種害怕、焦慮或迴避通常持續至少 6 個月。

- 這種害怕、焦慮或迴避引起有臨床意義的痛苦，或導致社交、職業或其他重要功能方面的損害。

- 這種害怕、焦慮或迴避不能歸因於某種物質（如濫用的毒品、藥物）的生理效應，或其他軀體疾病。

- 這種害怕、焦慮或迴避不能用其他精神障礙的症狀來更好地解釋，例如，驚恐障礙、軀體變形障礙或孤獨症（自閉症）譜系障礙。

- 如果其他軀體疾病（如帕金森氏病、肥胖症、燒傷或外傷造成的畸形）存在，則這種害怕、焦慮或迴避則是明確與其不相關或過度。

廣場恐懼症（Agoraphobia）的條件包括：

- 對下列 5 種情況中的 2 種及以上感到顯著的恐懼或焦慮：

  1. 乘坐公共交通工具（如公共汽車、火車、船、飛機）

  2. 處於開放的空間（如停車場、市集、橋樑）

  3. 處於封閉的空間（如商店、劇院、電影院）

  4. 排隊或處於人群之中

  5. 獨自離家

- 當事人恐懼或迴避這些情況，是因為想到一旦出現驚恐症狀時或其他失去功能或窘迫的症狀時（如老年人害怕摔倒，害怕大小便失禁），害怕難以逃離或得不到幫助。

- 廣場恐懼情況幾乎總是觸發害怕或焦慮。

- 當事人總是主動迴避廣場恐懼情況，需要人陪伴或帶着強烈的害怕或焦慮去忍受。

- 這種害怕或焦慮與廣場恐懼情況，和社會文化環境所造成的實際危險不相稱。

- 這種害怕、焦慮或迴避通常持續至少 6 個月，並引起有臨床意義的痛苦，或導致社交、職業或其他重要功能方面的損害。

- 即使有其他軀體疾病（如炎症性腸病、帕金森氏病）存在，這種害怕、焦慮或迴避也是明顯過度的。

- 這種害怕、焦慮或迴避不能用其他精神障礙的症狀來更好地解釋 —— 例如，不能僅限於特定恐怖症、情景性的症狀；不能只涉及社交焦慮障礙中的社交情況；不僅與強迫症中的強迫思維、軀體變形障礙感受到的軀體外形缺陷或瑕疵、創傷後壓力症中創傷性事件的提示物，或分離焦慮障礙的害怕離別等相關。註：無論是否存在驚恐障礙都可以診斷為廣場恐怖症。如果個體的表現符合驚恐障礙和廣場恐怖症的診斷標準，則可同時給予兩個診斷。

特殊恐懼症（Specific Phobia）條件包括：

- 遇到特定的物件或情景（如：飛行、高處、動物、血）時會出現恐懼與焦慮。

- 特定的物件或情景會即時引發恐懼與焦慮。

- 當事人會積極避免特定的物件或情景所引發強烈的恐懼與焦慮感。

- 對其恐懼物、地方或環境產生存有不真實而不自控的恐懼。

- 該害怕和恐懼，或避免的行為持續存在，反覆出現並多於 6 個月以上。

- 該害怕和恐懼，或避免的行為導致臨床上明顯的不適，或令當事人社交、工作或某些重要範疇的功能受到損害。

- 該困擾並不屬於其他精神疾病，如害怕、恐懼，或避免的行為是恐慌症狀、強迫症、創傷後心理壓力症、分離焦慮症或社交焦慮症。

《DSM－5》的更新

1. 社交恐懼症：移除「廣泛的社交恐懼症」此註記，只有出現在如公開場合演講或表演的恐懼才屬於「社交恐懼症」；並增加「須延續 6 個月以上」的規定。

2. 社交焦慮 / 恐懼症 Social Anxiety Disorder (Social Phobia)：持續至少 6 個月，細分為「純表現型」、「選擇性緘默型」2 型。

3. 廣場恐懼症 Agoraphobia：至少有兩個特定場所畏懼症的情況，為期至少 6 個月 。

4. 特定的恐懼症 Specific Phobia：持續至少 6 個月。

恐懼症患者每次面對恐懼物都會出現不適的徵狀，不同種類的恐懼症都會有一個共通點，就是患者會極力避免遇到引起他們恐懼的情景或物件；或懷着巨大的壓力、焦慮感以勉強自己忍受面對。

* 以上資料皆為《美國精神疾病診斷手冊 DSM-5》的診斷資料，個別恐懼問題或因文化、社會及個人因素而有異，如有困惑請諮詢精神科醫生或臨床心理學家。

現行的治療方法

認知行為治療（Cognitive Behavioral Therapy）

恐懼是每個人都有的經驗，大部分人面對恐懼時，最原始的本能反應是逃避，及後認知到事實上並非想像般可怕時，都會嘗試克服，成功脫敏。事實上，先在認知上改變對刺激物的看法，再從行為上嘗試克服，這正是認知行為治療的核心。認知行為治療是香港以至全世界廣泛運用的心理治療取向，很多不同地區的研究都指出其對各種恐懼症、強迫症、創傷後壓力症候群和其他焦慮問題有積極及明顯的療效。認知行為治療是認知治療（Cognitive Therapy）和行為治療（Behavioral Therapy）的結合。在認知治療部分，心理學家或治療師會讓個案意識到是哪一種或怎樣的不合理想法（Irrational Thoughts）會引發其恐懼症；至於行為治療，則會讓個案做一些行為上的「功課」，如回家做呼吸練習，去改變面對恐懼時的行為和反應、記錄一些思想、情緒、身體感覺等。

暴露療法 / 呈現療法（Exposure Therapy）

越是恐懼，我們越是感受到不良的生理反應和不適，而逃避會令我們即時能

減輕刺激，因此不少恐懼患者會傾向盡力逃避刺激的場景和物件。事實上，撒除認知部分，行為治療早已用於治療恐懼症，當中包括暴露療法。暴露療法是指讓個案直接面對，暴露在引起其恐懼感覺的情景中，繼而逐漸建立接受並適應的一類治療方法。暴露療法主要分兩類：一類是快速暴露法，又稱滿灌療法（Flooding Therapy）；另一類是緩慢暴露法，也是系統脫敏法（Systematic Desensitization）。簡單來說，滿灌療法是指讓個案直接面對刺激物，快速向個案呈現，直至個案堅持到可用較平常的心態應付為止。例如，一個對鼠類有恐懼的個案，可以讓其想像最恐懼的場面，再配合老鼠的影像或實物，在安全的環境下讓個案面對，不容許逃避，從而讓個案克服並體會最擔心的災難沒有發生，最終令過分的恐懼反應消退。至於系統脫敏法，則是誘導個案緩慢地暴露於導致恐懼的情景，並通過心理放鬆的態度來面對這種不良的情緒，慢慢脫敏，消除恐懼。例如可以從最輕度的威脅開始，像是學習放鬆的技巧後，再建立一個 1 至 10 的「克服恐懼循序漸進清單」，由較少刺激加強到較多刺激，克服恐懼。一個恐鼠的個案，可以先練習說「老鼠」時不感恐懼，再從黑白線圖看其圖像，再到彩色卡通、實圖，如是者，練習到看見真的老鼠也能保持冷靜和心境平靜。

精神分析療法（Psychoanalysis）

恐懼和潛意識有關嗎？如果有，是如何有關呢？縱然很多人聽過佛洛依德（Sigmund Freud）的大名和其潛意識學說，但大眾對精神分析的核心思想仍有不少誤解。其中，精神分析學派的主張是 —— 人的症狀與行為，是用來反映那些防衛着，而且一直被壓抑的慾望與感受的無意識歷程。William Wordsworth 曾有著名的詩句：孩童為成人之父（The child is father of the man），人的問題，很多時是在童年時已形成和被內化。當一些內隱性的記憶被啟動，恐懼便會爆發，使得我們對實際上不應過分恐懼的東西，呈現出異常放大的恐懼。因此，精神分析學派的治療是把潛意識轉為有意識（Make unconscious conscious），從而令個案覺察到潛藏在內心的衝突和壓抑，再加以緩解，解除恐懼的真正源頭。其中透視潛意識的方法包括自由聯想、投射繪畫、解夢和催眠等。

催眠治療（Hypnotherapy）

誠然，恐懼症患者並非恐懼其恐懼的場地或物件，而是恐懼自己的恐懼，恐懼因接觸該物件或場地所引起的失控反應，所以一直逃避。催眠治療是治療師利用話語誘導，令個案進入催眠狀態（Hypnotic State），使其更容易接近自己被壓抑的恐懼和恐懼的源頭，再安全地解除恐懼情緒和刺激物或場地的聯結。治療特定恐懼可利用催眠治療中的時光倒流法（Age Regression），幫助患者追溯恐懼根

源，同時，在催眠狀態中可融合暴露療法（Exposure Therapy），讓個案在安全放鬆的環境下重新接納自己的恐懼，在不同程度的驚慌場景做預演和思想練習，逐步克服因恐懼而引發的身心反應，使負面情緒和刺激物件或場地脫敏，從而紓緩特定的恐懼症。

藥物治療（Medication）

通常，個案聽到需要藥物治療也會表現得十分抗拒，因為「食藥」就等於是精神問題的標籤；同時亦擔心需要長期依賴藥物或有副作用。但就如其他焦慮症，在嚴重恐懼中，個案受恐懼困擾而影響正常生活，不能自控和持續恐懼，故藥物治療能有效減輕個案的生理反應，再配合心理治療才能「治標又治本」。常用於治療恐懼症的藥物包括血清素調節劑（SSRI）、血清素及腦腎上腺素調節劑（SNRI）、笨二氮類鎮靜劑（Benzodiazepine）和 β 腎上腺素受體阻斷劑（Beta Blockers）等。

恐懼情緒急救包

「慢、輕、深」腹式呼吸法

1. 用鼻腔吸氣，吸氣時輕輕擴張腹肌，想像腹部好像一個汽球，在吸氣時會慢慢膨脹，呼氣時會收縮。
2. 利用腹式呼吸時的要點是「慢、輕、深」，專注在放慢，輕輕的深呼吸。
3. 吸氣時用 6 秒，呼氣時用 6 秒，直到放鬆為止。

立即專注數脈搏法

1. 用右手或左手放在另一隻手的手腕脈搏位置，想像自己是一個中醫在為自己把脈。
2. 安靜專注地數自己的脈搏。
3. 計算脈搏，由 1 數到 100。

恐懼 Q & A

恐懼症是天生還是後天影響的？

雖然有實驗支持恐懼是跟生理進化和基因有關，但更多的心理學實驗和心理學家的經驗都支持，大部分的恐懼症皆源於錯誤的認知學習或聯繫。上世紀二十年代，美國心理學家、行為主義心理學的創始人約翰·華生（John B. Watson）做了個名為「小艾伯特」（Little Albert）的實驗。在這項實驗中，他證明人類的情緒（如恐懼）也是在經典條件反射中學習得來的。當恐懼感覺和刺激物反覆聯結出現，人類或動物就會「學習」到相關的刺激物出現會引起內在負面的情緒，如在小艾伯特實驗後期，不只看到白鼠會產生恐懼，就連看到小狗、兔子也會表現恐懼；這就是我們說的「刺激泛化」。

恐懼症可以有多種嗎？

恐懼症主要分為廣場恐懼症、社交恐懼症及特殊恐懼症。然而，在臨床的記錄中，任何意想不到的東西都有機會誘發恐懼，包括香蕉、紙、馬桶、音樂等我們常接觸到的東西。

恐懼症患者會被嚇死嗎？嚴重的會有自殺的危機嗎？

我們被嚇，很多時候會說：「嚇死人咩？！」到底人會否因驚嚇和極度恐懼而死呢？恐懼症患者被刺激時，會感到一連串的生理反應，如心跳加速、心悸、呼吸困難、胸口痛或有沉重感等，但絕少案例是因為恐懼症而死亡的。然而，在《DSM-5》中記錄，當個案患有恐懼症，其自殺的風險會比一般人高60％。值得注意的是這個數字也包含了恐懼加上其他心理問題，如人格障礙或焦慮症。

恐懼有種族的分別嗎？

對恐懼的反應基本上是全球性的，但對引發恐懼的物件或場地，各種族文化也會有其獨特的展現方式。蘇塞克斯大學（University of Sussex）心理學教授Graham Davey研究蜘蛛與恐懼在文化之間的差異。在歐洲中世紀開始，蜘蛛便被認為是有毒素並會感染食物的，因此長久以來蜘蛛都被視為極危險和應該驚恐的對象。Davey認為這是當地長久的文化，而其他地區或許會不一樣。結果仔細的研究觀察支持他的論點，例如在非洲某些地區，蜘蛛是智慧的象徵，當地人會

加以保護；有些國家或地方，如柬埔寨、北美和澳洲土著部落等，更會把蜘蛛視為佳餚；巴西的小孩甚至會把蜘蛛養作寵物。

恐懼症有年齡和性別之分嗎？女人是否「細膽啲，咩都驚」？

根據《DSM-5》的統計，在美國大約有 7% 至 9% 的人有恐懼症，其中年齡分佈為有 5% 的小童患上、有 16% 的 13 至 17 歲青年患上、有 3% 至 5% 的成人患上。女性患者比男性患者明顯較多，以針對動物、自然環境或特定情景而引起的恐懼為例，有 75% 至 90% 是女性；而在恐血、恐高症患者中，女性佔 55% 至 70%。

美國恐懼症患者佔全國人口	各年齡的患病百分比
7-9%	小童：5%
	13-17 歲青年：16%
	成人：3-5%
動物、自然環境或特定情景的恐懼者	**恐血症、恐高症患者**
女性：75-90%	女性：55-70%
男性：10-25%	男性：30-45%

自我覺察：關於恐懼症的自我問卷

1. 當你面對恐懼時，你會出現的症狀有？

o   頭暈

o   冒汗

o   或冷或熱

o   心跳加速、心悸

o   哽塞感

o   呼吸困難

o   噁心、肚子不舒服

o   胸口痛或有沉重感

o 對四周感覺不真實

o 害怕自己失去控制和知覺

o 害怕自己會死亡

2. 有否因為害怕恐慌發作或極度驚慌,而逃避進入特定場景或接觸某物件?

o 有

o 否

3. 下列各項,哪一種你會因害怕或恐懼而選擇逃避?

（逃避的程度:1= 完全無法接觸 / 進行;2= 絕大部分時間在逃避,但沒有選擇下仍會勉強繼續,並會感到強烈恐懼;3= 某些時候會逃避,若接觸到會感到非常不安和害怕;4= 只是不太願意 / 喜歡,傾向逃避）

o 獨自開車

o 開車在高速路上

o 到商店購物

o 乘飛機

o 乘船

o 乘車

o 乘電梯

o 身處很高的地方

o 看醫生或牙醫

o 在馬路上塞車

o 在關閉的密室

o 在空曠的地方

o 在擠滿人群的地方

o 離開家

4. 以下有沒有哪一些情景你會因為害怕被人注視，或突然做出丟臉的事而逃避？（逃避的程度：1= 極度害怕；2= 絕大部分都會害怕；3= 某些時候會害怕；4= 不太害怕）

o 身處在任何團體當中（學校、工作場所、社會組織等）

o 在任何人面前做報告

o 做大團體前演講

o 聚會或集會

o 使用公眾場所

o 在別人面前吃東西

o 約會

o 在任何場合說或做出一些愚蠢的話和事

5. 你會因害怕而極力逃避以下任何一項（或以上）的東西嗎？

o 昆蟲或動物，如蜘蛛、蜜蜂、蛇、老鼠、狗、貓等

o 在高處，如高樓、山坡、高橋

o 隧道

o 密室

o 電梯

o 飛機

o 橋

o 醫生 / 牙醫

o 水

o 血

o 生病或身體不適

o 黑暗

o 其他

6. 只有在必須面對以上這些情景中的一種時，你才會感到高度恐慌和焦慮嗎？

o　是

o　否

結果分析

第一題是檢測你的恐懼程度和反應，如強烈地感受到 3 項或以上，你便應該正視你的恐懼反應。

第二題是檢視你因恐懼而行動受限的指標，因恐懼而逃避特定的場景或物件是患恐懼症重要的反應。

第三題是廣場恐懼症的自測，若有任何一項達到 1 的程度，你便很有可能患上廣場恐懼症。

第四題是社交恐懼症的自測，若有任何一項達到 1 的程度或你兩項以上達到 2 的程度，你便很有可能正受社交恐懼症的影響。

第五和第六題是特定的恐懼症，如果在第五題選出 1 個或以上，而第六題回答「是」，你很可能正面對特定的恐懼症。

*　　以上的自我測驗是根據《DSM-5》的標準而設計，並非正式臨床診斷，若有任何疑問，請諮詢臨床心理學家或精神科醫生，以得到最可靠和切合的診斷。

CHAPTER

1
•

物件與
死物的
恐懼

恐懼的源頭不止於對個人有
實質傷害性的東西，亦有可
能是一些主觀投射或在某次
驚慌狀態下所聯結的物件。

人的恐懼有很多，

有一些是實質可見的，有一些則是幻想出來的。

任何物件皆可聯結到恐懼，

患者在接觸或看到刺激物時會有身心反應，心理上極端恐慌，

而身體會出現心跳加速和呼吸困難等徵狀。

本章將講及一些物件與死物恐懼的例子，

當中包括：

懼血症（Hematophobia）
骯髒恐懼症（Mysophobia）
尖物恐懼症（Aichmophobia）

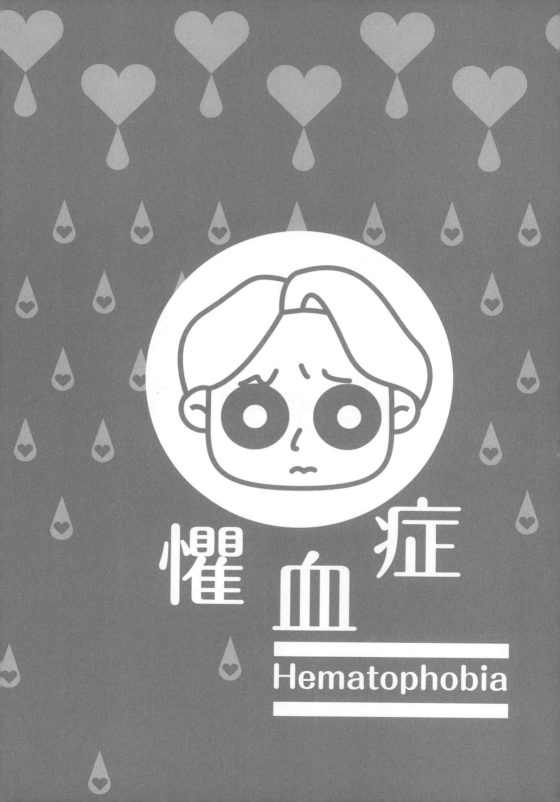

小説和文學中出現的懼血人物都有鮮明的意義和特色，在 Stephenie Meyer 的《暮光之城》（*Twilight*）小説系列，高中生 Bella 在生物課中因需要測試血液樣本而昏暈，後來卻愛上了吸血的殭屍 Edward。莎士比亞名劇《馬克白》（*Macbeth*）中，馬克白夫人對於自己殺人和嫁禍感到罪疚，以致精神錯亂，在夢遊時更嘗試從手上洗去看不見的血跡，並喃喃地説：「去，該死的血跡！去吧！」血，於其而言，是罪，是譴責，是內心的自我道德批判和恐懼。

「在房間中我看到地上一大片血，在牆角不知哪裏來的不斷滲出血水，牆上古舊而又大得不合比例的鐘滴嗒滴嗒在響，我頭皮發麻、心跳很快、雙腳無力、雙手顫抖、動彈不得……」Lorraine 身體繃緊，眉頭深鎖地敍説着這個有如超現實主義畫作的夢境，仍猶有餘悸。

「這是你最害怕的場景？」我問。

「是的，所有血紅色的東西也讓我感到不安，即使是一點點血，例如説看到別人流鼻血，也會令我感到很驚慌，心跳得很快，要立即離開那個場地，跑到很遠才能回過神來。」

我看着 Lorraine 驚慌地描述，於是追問：「血於你而言是代表？」

「……是危險、完結、死亡。」Lorraine 説。

「看到別人流血你會怕，如果自己流血呢？」我再深入了解個案恐懼的細節。

「更怕，每次看到自己流血，縱使傷口只有 2cm，我也會有一個抹不走的幻想，就是傷口會自己變得越來越大，血越流越多，最後一整個地下都有血……」Lorraine 説着説着，頭低下來，深深呼吸了一下。

「如果説每次遇到血都會害怕，那麼女性每個月的生理期也會有這種恐懼的情況嗎？」我特意注視着 Lorraine 的目光和情緒變化，找尋一些在恐懼當中的「例外」。「倒也沒有，每個月的經期並沒有恐懼。」Lorraine 回過神來，以平常的語氣及聲線回答。

Lorraine，26 歲，女性，單身，玩具公司文員，與家人同住居屋，無財務或欠債問題，曾有數次驚恐發作，無其他嚴重疾病、情緒障礙或精神病史，求助原因是感到對人生欠缺動力，以及對未來沒有清晰目標，在工作上開始感到前景越來越灰暗，而恐血是其中一種對焦慮的表達。

「甚麼時候開始發現自己對血有異常的恐懼？」對於不同種類的恐懼，我習慣首先要知道在意識當中的聯繫，再仔細追尋在潛意識當中的聯結。

「5 年前，當時我在上海公幹，和上司、同事、兩個客戶晚飯期間喝了一丁點酒，忽然之間感到一陣目眩……」Lorraine 的眉頭開始皺起來。

「喝多了？」我問。

「不，是血糖低的暈眩……但當其時不太清楚為甚麼，眼前漆黑一片……在矇矓間感到手腳無力，不受控制，霎時間十分害怕，怕會直接被送去急症室。一想到要在上海被送去急症室，我的心就更慌，用盡力氣說『沒事、沒事』，還想起來到洗手間洗一把臉。」

「嗯，然後呢？」

「我一站起來就差點倒下，全身無力，我的同事扶我坐下……然後我閉上眼、張着嘴在深呼吸，想自己快點好過來，矇矓間碰到一隻受傷的手指，感到有點痛……在腦裏不知怎的，就浮現起會一直流血和充滿血的畫面，好像自己會溶化成一灘血，好恐怖。」Lorraine 時而皺眉，時而以深呼吸平復自己。

「最後呢？你有沒有被送到醫院？」

「然後隱約聽到有侍應說沒事的，遞上一杯用糖開的溫水，我迷糊的喝了，慢慢看清楚眼前的東西，就沒事了。當時還聽到有同事說：『這麼小事，不用誇張。』可我當時真的很害怕自己會突然有隱疾病發，或者暈倒。」Lorraine 敍說。

「之前你提及到發生這件事的時候你在上海公幹，正在吃飯，可否說一說發生這件事之前，你們在做甚麼，四周的情況又是如何？」除了生理因素，了解有甚麼有關的外在因素可能誘發身體的恐慌或反應，也是作為治療恐懼症基本的資料。

「嗯……那天，就我們到上海擺展覽，在會場很忙，也沒有甚麼特別的……」Lorraine 眼球稍為轉向地下，開始深入回憶，找尋當日的記憶碎片。

「當日有見過血嗎？」

稍稍吸一口氣，Lorraine 猛然回想起：「喔，有呀，那天我工作時很急很快，不小心被一張紙割傷，但很小事，也沒空在意。」

「那麼四周呢？當你弄傷的時候四周的人在幹甚麼？」從 Lorraine 開始進入治療室開始，她給我的感覺是有點害羞，同時對我的每個反應也比較敏感，因此我推測她日常也是對四周的人和事很敏感的人。

「當時……我還未回過神，上司也看到了，說了一句『唉，都係等我來……』便拿了我的文件向客戶推銷。」Lorraine 的表情不期然的露出了些許失望。

「聽上去你有點失望……」我回應她的情緒。

「我覺得自己很蠢，些少事都做不好，左驚右驚。」Lorraine 突然按捺不住，哭了起來。

「嗯……」Lorraine 用了數秒去發洩內心泛濫的情緒。「那個『蠢』……是怎樣的？」我問。

「我以為這次去公幹可以好好地表現一下自己，但又割傷手令上司覺得我很蠢很沒用。之後回來香港不久，和我原本同職級的同事就升職了。我真的覺得自己很『廢』……」說完 Lorraine 再拭淚。

「很『廢』的意思是……？」當開始接觸當事人的內心感受，我們就可以沿着線索，一步一步的走進其潛意識中最深的聯結。

「我覺得自己甚麼都做得不好⋯⋯」Lorraine 說出自己的想法。

「是哪一方面，你認為自己想做而又做得不好的呢？」

「我覺得自己年紀越來越大，還是一事無成，返工又沒有目標，似乎甚麼都做不好⋯⋯」

「你的意思是在工作上找不到自己的定位？這份工你喜歡嗎？」

「一般般⋯⋯」Lorraine 的反應告訴我，她並不只因這份工作而覺得自己「一事無成」。

「所以你喜歡而又覺得自己做不好的是？」

「⋯⋯其實我喜歡做創作、寫作，做這份工很悶。」一臉的無奈比言語更能代表她此刻的心情。

「嗯～喜歡寫作⋯⋯」我表現得對她的愛好很好奇。

「有時覺得那些以前和我差不多的人都有所成就，或者發展得很好，我會很不快樂，懷疑自己是否這樣『返工放工』就一世了。」或許，這樣的想法在很多人心中都浮起過，人總少不了比較，小時比成績，大時比成就。或多或少，我們的自尊感皆來自比別人好，而我們拿之比較的，則大多是自己身邊的人。

Lorraine 說到這裏，我心裏立即嘗試把她對「自己在個人成就上的不如意」及她的恐懼聯繫。「所以你不喜歡自己這樣⋯⋯？」

「我怕自己失去目標，不知道自己在做甚麼，甚麼都做不好。」

「你的目標是做自己喜歡的工作，而且有所成就嗎？」

「嗯，以往是這樣想，會感到自己很熱血，覺得繼續寫就會得到別人賞識，但現實是⋯⋯」Lorraine 的話停止了，治療室頓時寧靜得只有冷氣機聲。「⋯⋯我覺得自己不被欣賞，又或者是懷疑自己根本是很平凡的，所以我覺得理想離我越來越遠了⋯⋯」

「所以你說出了，這是你心底真正的恐懼，也就是不被別人賞

識，感受不到自己的價值，會寂寂無聞，平凡又沒有目標地生活，就這樣一輩子吧……」

「嗯，是的，這感覺很無力，自己不能控制。」

「那麼你認為，這種恐懼，和你恐懼血的心情，有甚麼相連或關係？」人的潛意識很聰明，當我們找了聯繫，它就會呈現得更清晰。

聽到這個提問，Lorraine 先是心生狐疑，很快她就想到：「是因為我怕我現在死了或有甚麼危險，就沒有機會實現自己的理想？」

「你認為呢？」

Lorraine 很快從一臉驚訝中回神過來。「你的意思是，因為我在上海，那次很害怕自己會突然死去，當時又覺得自己很『廢』，需要人照顧，所以我把恐懼連結到自己沒有出息……？」

「還有就是你對『自己沒有能力、不能好好表現自己』的恐懼與自我批評。你可以回想一下，當你最被恐血影響的時間，是否在信心被打擊的時候。」

「……好似……我記得從上海回來後第一次感到自己對血的驚恐，就是有天下班，我在小巴上不小心拔了手指上的『倒刺』，見到有血滲出……於是心跳很快，覺得好似要暈要暈的，腦內也浮現出自己流很多血的場景，好驚……」Lorraine 敍說。

「上小巴之前有甚麼特別嗎？」我問。

「嗯，在看 Facebook……噢！是看到一個朋友說要出書……」Lorraine 的表情很是矛盾，用力擠出一點笑容。

「你當時的感覺是？」

「我覺得很驚訝，因為……她寫的文字其實……很無內涵……」

「你覺得自己不比她差，不過……」我直接回應她內心所想。

Lorraine 低下頭，嘴角微微顫抖，淚再次流出來，我引領她繼續把內心的感受抒發出來。

Lorraine 對血的恐懼是源於她潛意識中，一直覺得自己鬱鬱不得志，在工作和自己的興趣上不被賞識；這恐懼受一連串外在事件和內在主觀情緒連結引發。當中外在的事件是「在展覽會場很忙，不小心割傷手」，而上司說了一句話誘發出她自覺自己很沒用的念頭。因血糖低感到昏眩，本來不是十分嚴重的事，Lorraine 卻爆發出潛藏和壓抑在心底裏所驚恐的事：自己會突然死亡，卻又一事無成。在這個個案中，血是一個代表和象徵，象徵死亡和終結。Lorraine 恐懼血，是源於她把「追求理想的壓力和失望」與「血」連結。尤其因首兩次與血有關而連結了對自我有所批判的情景，皆是傷及手部；在其潛意識當中，手對她寫作很重要，因此傷及手也代表對理想的追求更遙遠。在數節療程之後，Lorraine 開始接受自己「真正的恐懼」，不再讓負面能量佔據自己的內心，轉而開始重新執筆，在網絡上寫作，也得到一些網友鼓勵，漸漸以行動去改變感覺，重建正面的力量。

甚麼是懼血症？

懼血症（Hematophobia），一種看到血就會不正常地感驚恐、頭暈、噁心的過度反應。某些懼血症個案只對自己接觸到或流血時感到異常驚慌；有些較嚴重的就在任何場景，只要看到跟血有關的，包括別人有傷口流血、影視作品甚至平面的圖像也會誘發驚恐情緒，需要立即離開刺激物才能平復。有一項調查中，大約 14% 人對血液有嚴重恐懼，而當中有 61% 懼血症患者的近親有類似的恐懼。在 1992 年一項研究發現，70% 懼血症患者同樣害怕針頭。某些懼血症個案會經歷一般恐懼症的生理反應，如心跳和呼吸加快、血壓上升等；另外一些則會體驗到一種非典型的恐懼反應，血壓和心跳減少，造成面色蒼白和無力，這種情況下，患者可能會感到暈眩，繼而發展成另一種恐懼：會在公眾場所突然暈倒的恐懼。

懼血症的自療

Step 1： • 了解及釐清自己哪一些懼血的想法是過分和不合理的，改變
懼血思維，並明白恐懼是可以克服的。

• 識別自己恐懼行為的迴避模式。

Step 2： • 練習腹式呼吸，控制自我放鬆。

• 想像暴露在生活上會遇上血的情景，並保持情緒穩定。

Step 3： • 設計並利用漸進式脫敏法，為自己設計恐懼的暴露等級，由
比較容易接受的開始。

• 可以嘗試讓自己看一些血的圖片，若感恐懼可利用腹式呼吸
讓自己平復。

• 成功後再看一些有血的影像，慢慢強化自己在沒有危險時保
持冷靜的態度。

• 在看到血但沒有危險時，不要逃避，用呼吸法讓自己平靜下來。

骯髒恐懼症
Mysophobia

「**喂**，唔該你執吓嘢好唔好，垃圾唔好四圍擺，污糟邋遢⋯⋯」這句說話，如果大家有所共鳴，大抵亦會同時在心裏回應了「遲咗啲執啫使唔使咁大反應，有潔癖咩」。從小，我們就被灌輸清潔乾淨是十分重要的，我們當然亦知道清潔的環境能減少細菌滋生的機會，看到整齊乾淨的地方也容易讓人開朗，感覺舒服。至於要有多清潔才能算得上是「清潔」？其實因應不同的人及家庭文化而定，也沒有一致的答案。

「我常常感到不開心，總是事事擔心⋯⋯」眼前坐着的，是一位中年太太 Teresa，打扮清新，身材均稱，花上衣配潮流闊身大浪褲，外表比實際年齡年輕。

46 歲的 Teresa 是一位全職家庭主婦，與先生育有兩個兒子，其中一個 19 歲，另一個 15 歲。Teresa 年輕時在銀行工作，非常能幹，小兒子出生後便退下來當全職家庭主婦，專心照顧先生和兒子。

「最近我常常失眠，除了入睡困難，間中醒了又會輾轉反側，很難才再入睡。」Teresa 求助的原因主要是失眠；也因為情緒焦慮，會因小事而莫名生氣很久，惹得家人憂心。他們常說 Teresa 有潔癖，而她不太承認，認為只是注重清潔。在第一節索取背景資料和過往經歷的時候，我察覺她話語間傾向容易緊張，控制人和事的習慣讓她有安全感，對於不在她控制範圍的事，尤其是家庭中的大小事務，也會感到焦慮不安。

「睡不着的心情如何？平日睡不着會做甚麼？」我問。

「睡不着會很煩躁，有時我也知道是因為一些小事，但我仍然會很躁；兩個兒子有跟我說過，我也說不上煩躁的原因。老公說是因為更年期，但我感覺好像不是⋯⋯」Teresa 一面不悅，不願承認自己的情緒令自己和家人覺得困擾，卻又對自己的狀態無可奈何。

「甚麼時候你會感覺特別煩躁、焦慮、不安？」我問。

「如果兩個仔有爭執，我就會煩躁⋯⋯我覺得一家人應該和和氣氣，從小我就要求他們一定要和睦，如果為了些小事 —— 例如為

了哥哥穿了弟弟的外套而爭執，我就會好生氣，好擔心他們傷和氣；有時他們不主動告訴我會不會回家吃飯，我就會很不開心。」Teresa 説。

「這樣看來，家庭的事，以及和兩個兒子的相處會特別牽動你的情緒……」我引導 Teresa 去表達多些她的核心信念，通常這個信念可以讓我們更容易找到焦慮和恐懼的源頭。

「是的，我最着緊家人，沒甚麼比家庭和睦更緊要，作為媽媽這是理所當然的事。」Teresa 的語氣堅定，並表示其人生成就，就是好好的照顧好一家人。

「剛才你提及過，家人對你清潔家居的態度似乎有些微言，你可不可以講多少少？」

Teresa 有點尷尬，微笑着，頭稍為下垂。「他們説我有潔癖，我有些習慣如：要老公和兒子回家後要先洗澡、換上睡衣才可坐梳化；當天穿過的衣服一定要當天洗，衣服上的汗跡是很骯髒的……」Teresa 已進入一個「全面清潔專員」的世界，看來她對自己這「高質素」的清潔態度，感覺十分正面。

「還有……」我知道一定還有許多。

「他們説受不了我深夜拖地……」Teresa 的語調顯得無奈，也像有冤無路訴。

「那麼你選擇晚上，而不在早上拖地的原因是？」

「早上我等他們外出後也會拖一次，晚上因為大家行過地板，而香港又骯髒，我很怕細菌，所以在他們睡覺後又再拖一次地，再洗完衣服後睡覺……其實這也頗累人，但我想屋企乾淨，大家健康。為甚麼他們不欣賞，好像我很煩似的……」Teresa 終於按捺不了眼中的淚水和冤屈。「有時我都知自己好似好緊張，不准他們帶朋友回家玩，免得弄髒屋企。現在兩個仔開始有自己圈子，很少回來食飯，我就會好擔心，不知他們在外面吃了甚麼，安不安全……」

「Teresa，我感受到你真的非常重視和關心你的屋企人，也因為這份心思不被體諒而感到無奈與不快。不潔當然讓我們感覺不好，且容易有細菌，增加患病機會；可是我也觀察到你的狀態，是非常容易緊張不安的，而當你感到不安的時候，清潔和為家人去『服務』似乎成為你平復心情的方法⋯⋯」這時我對 Teresa 的估計，是她的骯髒恐懼與潛意識中對自己在家庭的地位有關。

「我不想自己在家做個廢物！」Teresa 的語氣突然變得很強硬。「⋯⋯我老公擔起成頭家，又要常常加班，所以我覺得他回家一定要覺得屋企好舒服、好和睦，我才算得上一個稱職的家庭主婦。我最討厭別人說『你就好啦，唔使做，做少奶奶』，但我為這個家的付出他們又怎會知道！」Teresa 再次淚湧，當中辛酸與疲倦，無人可傾訴。

「所以你認為如果自己稍為做得不好，照顧家人不全面，你在這個家就沒有價值⋯⋯」當找到個案的核心信念，我們可找出改變的方向。

「我覺得自己是比較容易緊張，但算不上做錯⋯⋯」

「這樣你快樂嗎？」我特意讓 Teresa 去感受自己內心的聲音，而非每事都把家人擺出來；處理恐懼，要處理的是情緒而非理性邏輯。

Teresa 突然失聲痛哭，哽咽着說：「我不知道⋯⋯」治療室只有她的哭聲，我靜靜陪伴着她。

「我這十幾年都只是全心照顧屋企，現在兒子長大了、獨立了，好似會就快離開我，我也不知道自己害怕甚麼，就是感覺不踏實；清潔、洗衫、做家務時我會舒服一些，覺得屋企乾淨整齊他們會開心⋯⋯」

經過這一節後，Teresa 也明白到，她的骯髒恐懼和焦慮，是源於她把自我價值和自信，與能否好好照顧家庭聯結，而在她主觀的角度，越是能把家裏的環境和各人的日常生活料理得妥貼，越能證明自己的價值。

Teresa 30 歲開始當全職家庭主婦，在這之前她是位工作出色的銀行經理，因家庭而全然放棄事業，全家的開支靠丈夫打拼。身邊的人會羨慕她，然而她卻過度把生命的重心放在清潔和整理家庭，把其當是生命的主要價值。Teresa 說自己沒有時間去發展甚麼興趣或學習，也不太常和朋友交往，這些原因導致當兒子開始長大，有自己的朋友和生活，她會越來越容易緊張，潛意識害怕他們不再需要及依賴她，因而在這個家庭失去「價值」。因此，Teresa 緊張起來時就會不期然要自己做清潔，引發起一些「骯髒恐懼」。

Teresa 的案例算不上是非常嚴重的骯髒恐懼症，我在及後的療程中鼓勵她尋找生命的其他意義，參與一些有趣而又能找到投入感的活動，後來她參與了一些大笑瑜伽的練習後，慢慢容易放鬆自己，也找到一些和她「一起大笑」的朋友。

大笑瑜伽（Laughter Yoga）

由印度醫生 Dr. Madan Kataria 在 1995 年創立，是一種把大笑和瑜伽呼吸結合在一起的減壓運動和練習，透過呼氣、吸氣和大笑，可令肺活量增加、促進血液循環。大笑時亦可緩解和放下壓力，改善心情，促進身心健康。

甚麼是骯髒恐懼症？

骯髒恐懼症是指對骯髒有過分敏感的反應，看到或想像到任何骯髒的地方和事物，都會極度不安，需要立即處理至其理想中的狀態或逃離現場才能平靜下來。骯髒恐懼症的英文是 Mysophobia，意指不合理地恐懼細菌和污染，這名稱源於一位醫生 Dr. William Alexander Hammond 在 1879 年處理一個 18 歲女性個案，當時這位個案有強烈恐懼骯髒的念頭，不能接受自己的衣服和其他人的一起洗，除了每天大約洗手 200 次外，還不停的花過多時間來清洗能接觸到她皮膚的梳和刷子。她呈現出極度害怕骯髒或受細菌感染的狀態，也同時有強迫不停清潔的傾向。

輕度骯髒恐懼症患者會對骯髒和細菌很敏感，常常清潔家居，對用手

接觸公眾可以接觸的物品感到骯髒，或是即使肉眼看不見骯髒，也習慣用紙巾清潔或消毒液清潔才可放心使用，即大眾理解為「有潔癖」的徵狀。嚴重的骯髒恐懼症患者會對有機會被污染、直接與皮膚接觸到的物件、生活的日常用品異常地敏感，不停清潔或完全避免接觸公眾可以接觸的物品，以及她認為骯髒的每一樣東西。更常常莫名地感到自己雙手很髒，要不停洗手才安心下來，當感到緊張或不安時這種情況更嚴重，洗手的時間會更長，有時長達一次 10 分鐘，因此在醫學文獻記錄中，骯髒恐懼症常常與強迫症有聯繫和共病。骯髒恐懼症患者除了自己，更需要家人同為清潔，配合其生活清潔的標準，若稍有落差，會極度不安恐懼，也會引發其焦慮和脾氣。

骯髒恐懼症的自療

Step 1：
- 了解自己恐懼骯髒的原因，是因為怕生病？怕有細菌？還是其他？

- 分辨哪些恐懼是不合理或過分的，建立對細菌和整潔的正面認知，如某些合理情況是可以接受的，逐漸接受對日常生活無大影響的不整潔。

Step 2：
- 學習放鬆肌肉，當恐懼時覺察並留意自己哪一個肌群處於緊繃或僵硬狀態，嘗試放鬆肌肉。

- 為自己設計和訂立適合的脫敏計劃，為接受程度分等級，並逐漸減少對某些次等級的清潔次數。

Step 3：
- 可能的話，參與多些運動或專注在自己有興趣的事上，把精神和自信投放在自己做得到並正面的事，以減少對骯髒恐懼和焦慮的聚焦。

* 嚴重的骯髒恐懼症或潔癖屬於強迫症或有強迫傾向，如果發現自己不能自制地洗手、清潔，或有強烈意圖要清潔一切可以接觸到的物件，請向醫生或心理治療師求助。

尖物恐懼症
Aichmophobia

早前在網絡上有一條不少家長轉發的短片，片中有位醫護人員以輕鬆有趣而互動的方法為小孩打針，小孩被醫護人員逗得吱吱大笑，不留神之際醫護人員已為他打了針。大概很多小朋友，包括我小時候也會某程度上恐懼打針；不幸地，通常在得知要打針的時候，父母親會無心地說：「陣間唔使驚，一下唔痛嘅。」等等的開場白，無意中加重我們的心理壓力。小朋友害怕尖物不罕見，很多時候父母會教育子女，尖的東西是有危險，很容易傷到自己的。然而當長大成人後，仍對尖物有過度的反應和不必要的恐懼，那就有可能不止於是保護自己，而是對尖物有特定的恐懼。

「我⋯⋯我很害怕牆角。」眼前這位年輕女子，低着頭有點不好意思地說。

雖然我心裏不免有所驚訝，也很自然地想到，恐懼牆角不就是恐懼每一個室內環境？我特意觀察眼前這位個案的表情：「你的意思是，你對室內牆壁的角落有所恐懼？」我輕輕指着治療室的牆角。

「對⋯⋯」她更顯尷尬。

「那麼，這是你第一次來這個治療室，你會對這裏的牆角有所恐懼嗎？」為個案指出一些此時此刻的例子，可讓我快速了解她對恐懼的主觀定義和當下的感覺。

「我不看就沒問題。」她說。

「如果看呢？」我再問。

「會好驚，我覺得它們很恐怖！」

「恐怖的意思是？」也許，每個人對恐怖的定義也不一樣，了解個案對其刺激物的主觀感覺，也是我們進入其潛意識世界的一條通道。

「不知為甚麼，我看着牆角會感到很害怕，怕到神不守舍，就像心會跳出來⋯⋯」

MeiMei，27 歲，一年前剛大學畢業，報告自己有牆角恐懼的困擾長達 10 多年。除了害怕牆角，還有人際溝通的問題，說自己沒有知心好友，雖然有幾位會不時見面，但她認為這些人都很勢利，不太會交心。

「MeiMei 你一年前大學畢業，之前的時間有工作嗎？」一般來說，順利升讀大學的年齡大概 18 歲，畢業時大概 22 歲，26 歲才畢業，也就是說有 4 年時間的差距。個案的每一個成長的階段和經歷，都有可能是一些重要資料，掌握這些資料是進入分析前基本的步驟。

「我重讀了一年，之後讀高級文憑，不過科目不是太適合，讀不夠一年之後又轉去讀其他科⋯⋯」MeiMei 說。

從 MeiMei 進來開始，其回答每每都是很簡短，而且沒有太多解釋；亦有很多遺漏的資料，例如原本是讀甚麼科目、為甚麼不適合、後來又讀甚麼再轉上大學等，似乎她在溝通上習慣了這種非常簡化和被動的模式。因此，在既有言語交談的資料上，我再採用了投射繪畫治療的方式，去進一步走進她的內心世界。我取得 MeiMei 的同意後，拿出了 3 種不同類型的顏色筆、畫紙，邀請她畫一幅「屋、樹、人」的投射繪畫。

MeiMei 的屋樹人筆觸較輕，當中屋的門沒有畫把手，窗戶畫得像柵欄一樣，暗示她缺乏自信與安全感、不容易讓別人進入她的內心，同時警覺性很高，自我防衛的意識很強。樹畫在左上，在畫中的比例較小，暗示她的無力感，樹幹有一道很黑的年輪，也是成長過程當中，很可能有一次較大的創傷。

「這個年輪深嗎？」我問。

「深，很大。」MeiMei 看着畫說。

「年輪在屋樹人中有成長創傷的暗示，你覺得對嗎？」

這時 MeiMei 的目光從畫中移向我，吸了一口氣，說：「小時候爸爸常常鬧我，雖然他打我的次數不算多，但他經常會嚇我說『唔

要我』，之後把我鎖在一間細小的雜物房『反省』…… 我 …… 真的很害怕 ……」MeiMei 回憶這些童年創傷，仍猶有餘悸，淚水再也禁不住。

MeiMei 的個案，是典型的因童年或以往不愉快的經歷而造成創傷和壓力，當她很無助害怕的時候，看到的正是小房間的牆角，因此在凝視到牆角時，潛意識中不期然會感受到那種恐懼、渺小、又無能為力逃走的情緒。MeiMei 的爸爸媽媽在她大約 11 歲時離婚，雖然之後並沒有人鬧她、嚇她，但往後她的性格不容易信人，也對自己沒有自信，常常不由自主地反省自己的想法，不能明確表達自己的意見，以致學業和人際上都遭遇到不少困難。

在處理 MeiMei 牆角的恐懼同時，我也鼓勵她好好表達自己，感受自己的想法，欣賞自己獨特的地方，而且慢慢開始接受朋友的邀請參與多些群體活動，接受和放下昨日那個渺小而無力的自己。

屋、樹、人 (House-Tree-Person) 投射繪畫

屋、樹、人投射繪畫分析是一種可用作評估個人、解釋和表達心理狀態的工具，讓治療師有系統地分析個案的心理。早在 1948 年，美國心理學家 JN Buck 便在《臨床心理學》雜誌中論及屋樹人，而屋樹人測試的特點是靈活，不需要言語表達，也可應用於不同年齡層，讓治療師可看到個案的家庭關係、個人成長和自我感覺等。

甚麼是尖物恐懼症？

尖物恐懼症故名思義是對尖物有所恐懼，當中包括針、刀、筆、雨傘尖的部分，甚至是尖狀的家俬設計和牆角等，患者大約佔人群中的 1.6%。有如一般恐懼症，對尖物有所恐懼的患者會對某些或全部尖物極度害怕，且這種害怕會給心理帶來嚴重負擔，會因避免接觸所有尖端物體，或過分害怕自己或他人會受這些尖物傷害而影響日常生活。由於尖物在日常生活會較多出現，故尖物恐懼症患者或身邊的人會更明顯地察覺他們不能正視尖物，或當尖物出現時的非理性恐懼。

尖物恐懼症的自療

Step 1： ● 建立正面的認知，讓自己分辨非危險性的尖物。

● 了解和接納自己在恐懼尖物上的錯誤或偏差，了解自己真正在怕甚麼。

Step 2： ● 練習腹式呼吸，控制並使自己在遇上尖物時可自我放鬆。

● 不具危險的尖物不要逃避，想像自己即使遇上那些尖物時仍可如常工作，盡量減少恐懼的時間。

Step 3： ● 訂立脫敏計劃，把恐懼的尖物分 5 個不同程度，先從最少恐懼的程度開始逐漸面對恐懼。

● 在遇上尖物時不逃避，可以用數脈搏法，用一隻手的食指和中指輕按在另一隻手腕的脈搏，由 1 數到 100，讓自己專注平靜下來，再放鬆面對。

輕 生 活

每天練習好好生活，為心靈減減壓！

Monday

慢慢地洗澡或泡浴，
感受當下，放鬆自己

Tuesday

專注地閱讀小說或雜誌

Wednesday

看一齣有興趣的電影

減壓日誌

Thursday

全然專注放鬆地
看一個電視節目

Friday

做做運動

Saturday

和朋友一起吃午飯

Sunday

和家人漫步海灘，
聽海浪聲

人際與動物的恐懼

有說，

人或多或少，

都會恐懼某些事物，

視乎恐懼的程度而已。

在眾多恐懼中，

人際的恐懼最容易對患者的日常生活產生負面的影響。

人際相處和交流是一套哲學，

好的人際溝通可助我們生活愉快，反之易生矛盾。

至於動物恐懼則多見於兒童，大部分在成人時期會慢慢減輕恐懼。

本章將講及在恐懼症中最普遍的人際恐懼和動物恐懼，

當中包括：

社交恐懼症（Social Anxiety）與公開發言恐懼（Glossophobia）

人群恐懼症（Demophobia）與注視恐懼症（Scopophobia）

恐鼠症（Myohpobia）

恐蛇症（Ophidiophobia）

恐蟲症（Entomophobia）

社交恐懼症

Social Anxiety

林宥嘉的歌曲《我總是一個人在練習一個人》道出一個人時淡淡然的孤寂，或許對很多在香港這個大都會生活的人來說，反而是不習慣自己一個人。但對於患有社交恐懼症（或稱社交焦慮）的人來說，一個人的生活可減少心理壓力和自我批判，相對於與別人相處交流，獨處是他們最舒服的狀態。

在一個秋日和暖的午後，治療室的電話響起，電話另一端傳來一把年輕清爽的少女聲音，她諮詢了許可的時間後便立即預約。兩天後，治療室迎來一位笑容可掬的少女：Christine。

治療第一節不外乎是了解個案背景、想解決的困惑和個案對治療及輔導的期望。

「我覺得自己和同學溝通不了，有時在學校遇見同學，我會裝作看不到，又很希望對方也看不到我，我有社交恐懼……我以為自己有能力克服到，但現在是 Year 2 第二個學期了……」Christine 説。

Christine 有點特別，不用我多説，就已經很熟悉這個治療程序，即使是保密協議內容也很清楚，而她在這次會面之前是沒有接受過任何心理治療或輔導的。對於這次的治療目的，她希望解決的是社交焦慮方面的問題。

「咦，似乎你對心理治療也有所認識，與你讀的科目相關？」我微笑着輕鬆帶出話題。

「我讀 Medi（醫科），現在 Year 2。」

在香港，一個讀醫科的學生基本是代表高材生，必須有非常出色的學術表現才可入讀醫學院，而可以應付這些壓力的學生，一般自我控制能力都很高。「我想了解多少少，讀 Medi 之前你要考大學，據我所知考大學時都需要考 Speaking（説話），那個時候考的 Speaking 和 Group Discussion（小組討論）你都可以應付？」

「考試對我來說其實沒那麼驚，考試我們會知道怎樣考；我比較驚的是日常與人相處。即使以往在中學時代，我亦不太喜歡跟同

學出去玩，只有兩個好朋友，讀了六年中學都是跟他們一起。到上大學有好多新同學，我覺得跟他們一起時很辛苦，相處時會不自然，會心跳好快，面會紅；當我緊張就會面紅，我就好怕其他人發現，問我為甚麼面紅。」Christine 的語速較快，表達清晰，但說話的時候總是不會看着我。

「所以當你緊張的時候就會逃避⋯⋯」我引導說。

「我會找藉口離開，初時說要回家，又或是之後有約⋯⋯我覺得這樣下去不好，我好想處理，但我自己處理不來。」Christine 低頭皺眉，狀甚困擾。

其後，我給了 Christine 一份李勃維茲社交焦慮量表（Liebowitz Social Anxiety Scale），該量表可以讓我們知道社交焦慮的程度，Christine 的量表分數顯示，她對社交的焦慮屬於輕至中度，即是對某些社交場景會恐懼和逃避，而某些日常狀況仍可以應付。

「看來在別人注視下工作、成為注意力的焦點和跟不熟的人說話，對你來說很難受⋯⋯」我看她的測試量表結果。

「是的，每當有人注意我，或者很留心地望着我時，我就會不明所以地緊張起來，好像別人會看到我的缺點，又或者會留意到我說錯話，感覺『很醜怪』⋯⋯我知道這些擔心好無聊，但更無聊的是我完全停止不了，一旦有人望着我，我就會好辛苦，好想快點離開。課後和同學在 Canteen 用餐，如果他們問我一些較私人的問題，即便是閒時喜歡做甚麼，我都會緊張起來。」Christine 苦惱地道出社交焦慮症患者的共同恐懼，就是對社交帶有很多負面的想法，總是覺得自己會做出奇怪或丟臉的事，而別人會取笑或批評自己，因而大大影響當事人的工作和交友表現，結果越緊張，就越會出亂子。最後患者都會盡量避開與社交有關的活動，以免感到恐慌和失敗。

「這種情況由甚麼時候開始，又或者你在甚麼時候發現自己對社交有恐懼？」我嘗試了解這種表徵恐懼的源頭。

「很小的時候我已經不喜歡與人溝通⋯⋯從來都極不喜歡和人說話，我媽咪常說我很害羞，其實我覺得不是，我是驚，尤其怕和陌生人說話。」Christine 說。

「社交恐懼是一種主觀感覺的焦慮，很多患者年輕時已經發現自己有這方面的問題。但在香港，好多家長會覺得女仔文靜、不愛和朋友逛街是件好事，而且往往能比較注重學習；到上到大學或者出來工作就會發現，社交恐懼的問題已經嚴重影響到生活工作。」我利用泛化技巧（Generalization），使 Christine 了解其他患者與她相若的狀況，減輕她對社交恐懼的負面感覺。

「係呀，有好多 Aunties 都讚我乖，常常自己溫書，其實我有時都想和其他同學一樣有群體活動，但我真的克服不了這種恐懼及不舒服。」Christine 面露失望。

「一直都這樣？有沒有例外？」協助個案尋找「例外」等於尋找其內在資源和希望，也讓其圍繞在負面的問題中找轉機。

「有的，有一次迎新活動我會和新同學說話⋯⋯」Christine 想了想。

我的表情展示出支持與欣賞，「嗯，你講多一些⋯⋯」

「那時我想『情況許可的也可試試搭話』，竟然成功交流了一會，但那天之後慢慢又好怕見到同學，怕和他們說話⋯⋯」

「你是怎樣做到的？」我問。

Christine 的表情有點愕然，然後一陣沉默。「我想可能是我覺得當時無人認識我，可以自然一些⋯⋯其實我也不知道⋯⋯」

「非常好，即是有些情況，你是可以克服社交恐懼的。」我常用的手法，就是打破當事人對問題的固有認知和必然性。「如果現在問你，1 至 10 分，你對社交的恐懼程度有多少分？」

Christine 想了想，「應該有 7 至 8 分⋯⋯」

我微微點頭以示明白,「那麼 7 至 8 分當中包含甚麼?」鼓勵個案看清恐懼的真面目是治療的重要一環。

「有怕開口和別人說話⋯⋯怕對方覺得我蠢。」Christine 鼓起勇氣地說出來。

「嗯,如果可以由 7 至 8 分恐懼減至 5 至 6 分,你覺得會有怎樣的分別?」我問。

「5、6 分⋯⋯我覺得可能我和人相處的時候仍然會焦慮,但我可以面對,至少不會避開⋯⋯」隨着幻想可行的轉變,Christine 的希望感慢慢提升。

「很好,還有沒有其他?」

「而且做 Group projects 時,我可以放膽分享一些個人建議,現在很怕說出想法時同學會覺得我蠢或者沒有用。」

「非常好,你現在試試閉起雙眼,幻想當我們有一套魔法,可以使你變成更有信心與人相處的人,那一個你就好像以前可以成功和陌生人順利溝通的你,可以面對、可以放鬆表現自己,十分自然地做到⋯⋯你幻想一下,當你可以做到時,你的生活會變得怎樣不一樣?改變之後,你又會是個怎樣的人呢?」Christine 合上雙眼後,靜靜地幻想。

「當你感受到改變之後的不一樣,你的大腦就會記住這一份力量和希望。你可以慢慢打開雙眼。」

Christine 慢慢打開雙眼,深呼吸一下,回一回神。

Christine 的個案是我眾多年輕的社交焦慮症患者之一,絕大部分這種社交焦慮症個案與其原生家庭的溝通模式有關。在中國人的家庭,普遍喜歡小朋友聽話,尤其是女孩子,安靜、不多言、專心溫書和不「周街走」是優點,是乖的。當家庭從小到大都鼓勵這種行為,很少人會認為很少甚

至不社交是件壞事，也不會正視社交恐懼的問題。到中學畢業後，不論繼續升學還是投身社會工作，環境轉變才猛然醒覺這是個問題和希望處理。後來我由改變個案的認知開始，再給予對方一些社交練習，社交焦慮的問題便緩和了。

甚麼是社交恐懼症 / 社交焦慮？

　　社交恐懼症是其中一種最常見的恐懼，而且患者的生活與社交都會大受影響。社交情景畏懼症 (Phobie des situations sociales) 這個詞是在 1930 年由法國醫生 Pierre Janet 提出。及至 1980 年，美國精神醫學會首次把社交焦慮納入《精神疾病診斷與統計手冊》之中，才正式認定此為一種精神疾病。社交恐懼症患者最根本的問題，是過度在意別人的眼光和評價，它比單一或特定恐懼影響層面更廣泛，通常在兒童或青少年時期就會發現，可惜大部分社交恐懼症患者卻完全不曾接受任何治療，只是逃避。同時亦有研究指出，社交恐懼症患者因腦內的杏仁核對社交情景有過度反應，故在心理治療外，藥物治療亦有效減少恐懼感。

　　相比起其他恐懼症，患有社交焦慮和公開發言恐懼的患者大部分會被嚴重影響日常工作或生活，因為避免恐懼和自我感覺不良好而大大減少生活上的選擇，例如不會選擇要頻繁接觸人的工作，或是因在工作上不能好好表達自己的意見而喪失發揮自己的機會。

✦ 社交恐懼症患者的循環 ✦

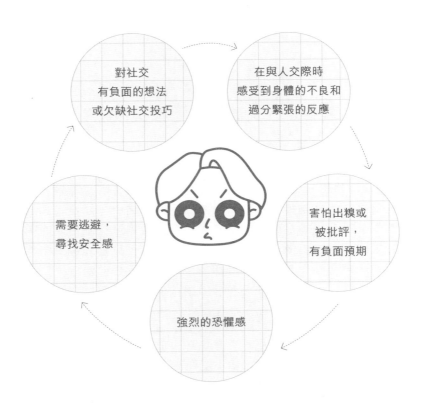

對社交
有負面的想法
或欠缺社交技巧

在與人交際時
感受到身體的不良和
過分緊張的反應

需要逃避，
尋找安全感

害怕出糗或
被批評，
有負面預期

強烈的恐懼感

✦ 社交恐懼和害羞的分別 ✦

害羞	社交恐懼
暫時性	長期性
接觸新環境和新朋友時或有點緊張，但不會因而逃避，很快可以適應。	接觸新環境和新朋友時會出現很多負面想法，揮之不去，不能平靜下來，很怕別人注視自己。
不會影響或削減個人的能力。	影響當事人工作、交友等表現。

《DSM-5》的幾個主要更新

1. 把「社交畏懼」（Social phobia）一詞改為「社交焦慮症」，因為社交畏懼容易被誤認為不常見且不太會影響功能，而在 2012 年的一項社區調查研究發現，社交焦慮症比社交畏懼較會讓民眾認為需要治療。

2. 把害怕「羞辱」（Humiliation）及「尷尬」（Embarrassment）擴大為「害怕負面評價」，因此除了羞愧或尷尬外也包括被拒絕或冒犯他人等。

3. 把個案認為其害怕是過度或不合理的，更改成該恐懼、焦慮與社交情景所造成的實際威脅及由社會文化背景層面來說，是不成比例的。

4. 如果有身體病況，只要其恐懼、焦慮或逃避明顯地與之無關或是「過度的」，還是可以診斷為社交焦慮症。

內向的人才會患上社交焦慮嗎？

芭芭拉・史翠珊（Barbra Streisand）是一位出色的歌手、演員及導演，1968 年憑電影《妙女郎》獲得 41 屆奧斯卡女主角獎，從影以來共贏得 2 座奧斯卡獎、5 座艾美獎、8 座金球獎等。同時，她是一位社交焦慮症和公開演唱恐懼症患者。事緣在 1967 年，當她在紐約中央公園超過 13 萬人面前演唱時忘詞，頓時不知所措，之後更逃避了公開演唱近 30 年。至 1994 年，雖然還在與恐懼症對抗，但她再次有勇氣站在台上現場演唱。及後在 2006 年的訪問中，芭芭拉・史翠珊承認自己有為焦慮症尋找專業治療，並有接受抗焦慮藥物治療。

公開發言恐懼（Glossophobia）

與社交焦慮或恐懼相類似的，就是公開發言恐懼 (Glossophobia)。患者在其他範疇中並不能被診斷為社交焦慮，因其只會於公開發言時引發極度恐懼。不少人會在公開場合演說時感到恐懼，但若果這種恐懼大於正常反應，引致日常工作受影響，便需要注意。曾經有一位案主，他在會議室與一眾主管開會時，不論之前做了多少準備，都無法完成一個演說或匯報自己的工作，因而大大影響工作表現，也因而常自我批評為「無用」，導致自信低落。由此可見，公開發言的恐懼不只影響工作，也有機會讓案主感到自信下降。

社交焦慮與公開發言恐懼的自療

Step 1：
- 克服恐懼的關鍵是自我覺察，感受自己的社交恐懼，是哪一方面最讓你擔心和害怕？這一個你害怕的情況有出現過嗎？你面對自己恐懼時，身體、行為、認知的反應是怎樣？

- 接受自己的恐懼，認清在社交中有恐懼是當下的狀態，並不代表以後沒有改變的可能性。

Step 2：
- 寫下自己在恐懼時的迴避狀態或應對策略的例子。

- 了解恐懼的處理方法，如學習腹式呼吸，在感到開始恐懼時，用數脈搏的方法讓自己平靜下來。

- 訂立適合自己的自療大目標，分階段進行，如第一階段是不逃避群體活動，第二階段是參與小組討論等。

Step 3：
- 訂立一些小目標，針對減少在恐懼時的迴避行為。

- 用一些策略性和應對性的想法去取代負面和迴避的想法。

- 寫下你的成果和過程。

* 以上建議可因應不同程度的社交焦慮而調節，比較嚴重的社交焦慮治療應諮詢醫生和心理專家的專業意見。

李勃維茲社交焦慮量表自測

恐懼或焦慮: 不會 = 0、輕度 =1、中度 =2、重度 =3

逃　　避: 不曾 (0%)=0、偶爾 (1-33%)=1、中度 (34-67%)=2、
重度 (68-100%)=3

		恐懼或焦慮	逃避
1.	在公眾場合講電話		
2.	加入小團體		
3.	在公共場所吃東西		
4.	和別人在公眾場所喝東西		
5.	和權威人士說話		
6.	在觀眾面前表演、演奏或演說		
7.	參加派對		
8.	在別人注視下工作		
9.	在別人注視下寫字		
10.	打電話給不熟的人		
11.	和不熟的人說話		
12.	和陌生人碰面		
13.	用公共廁所		
14.	進入其他人已坐定的房間		
15.	成為注意力的焦點		
16.	在會議上公開發言		
17.	參加公開考試		
18.	向不熟的人表達你不贊同的意見		
19.	和不熟的人四目交投		
20.	在一群人面前做報告		
21.	向別人搭訕		
22.	退換商品		
23.	舉行派對		
24.	拒絕強勢的推銷員		

總分介於: 　　55-64 分 = 中度社交焦慮

　　　　　　65-79 分 = 明顯社交焦慮

　　　　　　95 分以上 = 非常嚴重的社交焦慮

注視恐懼症

Scopophobia

人群恐懼症與廣場恐懼症的徵狀相類似,皆會害怕人群。至於注視恐懼症,則是當被別人的目光注視時,會感到異常不安和極度恐懼,不敢直視別人。當事人在感到被注視時,便立即不能如常交際,動作變得緊張和笨拙,然後引起更多的注意,產生惡性循環。

曾經有一位求助個案,他的求助原因是人際溝通的問題。雖算不上是恐懼症的程度,但他在交談時總是不能跟我有任何眼神交流。在面談第 3 節時,當我們的治療關係和信任度已建立,我便反映出這一點和分享我的感受。當時他低下頭,靜默了數秒,嘆一口氣,再鼓起勇氣看着我。

我回應:「你現在感覺如何?」

「都 OK……」他回應。

「我見到你表情有些緊張,身體肌肉都比較繃緊……」我回應他。

又一陣沉默。

「多謝你嘗試,我知道你有努力。」我說完後,他鬆了一口氣,眼神移回到我的枱角。

在人際的相處中,相信不少人曾經告訴他欠缺眼神交流的問題,因此他才努力扮出一個他認為是「正常」看着別人的模樣給我。對於這一類不能直視別人和被注意的個案,我都讓他們做一些不同程度的行為練習。其中 Albert Ellis 著名的「攻擊羞愧練習」可助個案直接面對和處理一些非理性的信念,以增加自我接納和自信。攻擊羞愧練習的重點是協助當事人擺脫因「別人的看法」而造成的過分負面反應;個案重複行使令自己丟臉的行為,直到不再羞愧或丟臉,便能克服阻礙自己的負面情緒。

攻擊羞愧練習的例子

1. 每天跟陌生人，如巴士司機、大廈管理員打招呼和說謝謝

2. 在公園裏邊走邊唱歌

3. 穿不同款色的鞋子在街上行走

4. 在公眾場合大聲說出當時的時間

　　這些練習的目的，是要當事人接受並克服別人的注視，減輕因其引起的羞愧和逃避反應，從而達至無條件自我接納和對別人的目光脫敏。

　　Albert Ellis 在 1955 年開始發展「理性情緒行為療法」（Rational Emotive Behavior Therapy, REBT），當中提出非理性的想法（Irrational Thoughts）對情緒和行為的影響，通過理解和改變自己不合理的信念，可達至接納自己的目標。他的核心理論「ABCDEF 理論」被廣泛應用，當中 A-B-C-D-E-F 分別代表：

　　A：　觸發事件或經驗（Activating Event）

　　B：　信念、想法或看法（Belief）

　　C：　情緒反應、情緒結果或行為效果（Emotional and Behavioral Consequence）

　　D：　駁斥、處理、辨別或改變（Disputing）

　　E：　效果（Effect）

　　F：　新的感受（New Feeling）

　　Ellis 指出導致情緒和行為等結果（Consequence, C）的，其實並不是觸發事件（Activating Event, A），而是我們對該事所持有的不合理信念（Belief, B）。透過駁斥、處理、辨別和改變（Disputing, D），我們可看到效果（Effect, E）並達至新的情感（New Feeling, F）。對於注意力恐懼症及其他恐懼症患者來說，讓他們了解自己的非理性想法和導致的行為和情緒結果，可增加他們的自我覺察力，以便之後改變他們的固有認知，有助一起商討如何駁斥自己不合理的想法，建立正面思想去取代舊思維。

恐鼠症
Myohpobia

藤子・F・不二雄創作的經典卡通人物多啦A夢，在出廠的時候是黃色的，並有一對尖尖的耳朵，不幸地他在午睡時被老鼠咬掉雙耳，更嚇至暈倒；後來因誤喝「悲劇之素」哭至淚崩，把身上黃色的電鍍層沖掉而全身變成藍色，從此十分恐懼和討厭老鼠。

如果問問身邊的人，相信絕對不難發現恐懼老鼠的人。從小到大，我都有一位患有恐鼠症的表姐，其恐鼠的反應從來都是表兄弟姊妹間的趣聞。在真正認識恐懼症之前，我總覺得她的反應是非常誇張與難以理解，如在大街的遠處有一隻老鼠閃過，晃眼就不見了，但這個表姐除了大叫，還嚇至哭了出來，情緒久久未能平復。

「其實你知不知道自己為甚麼特別恐懼老鼠呢？」某次說起這事時我問。

「當然知道，因為我小時候住的地方有很多老鼠，那些走來走去的老鼠好核突。有一次我見到有一隻被車輾過，壓扁了，非常噁心，我看到之後全身發麻，有點想吐；畫面在腦海重複了一整晚，甚至現在還清楚記得！之後每次看到老鼠都好驚。」表姐說。

「之後你每一次見到都很害怕？」

「我覺得自己其實是越來越驚，我聽到『老鼠』兩隻字都會起『雞皮』，有時看到屋企的貓咪背面好似隻老鼠都會嚇一跳。雖然我無直接被老鼠咬或者有其他接觸，但這個恐懼一直都在。」表姐說的時候面部的肌肉有點繃緊，一臉不安和噁心。

「那麼，你有無想過要『治療』一下？」我好奇。

「那倒沒有，雖然真的好害怕，而且我不會行後巷，其實都不算容易碰到；我覺得人總是有某些東西是自己恐懼的，我怕老鼠，你怕蛇……而我恐懼老鼠又沒有影響其他生活，所以可以接受。」她回應的這番話讓我感到很好奇，原來有些人，即使很清楚自己被某些恐懼感所影響，但不認為是應該需要去處理的。

這番對話後過了幾年，這位表姊和她的小兒子回家途中經過一個已關門閘的街市，看到一隻老鼠走出來，嚇得她尖叫，而不到 2 歲的兒子看到媽媽被嚇得花容失色大叫後，也嘩嘩大哭起來。表姊回過神來感到很內疚。後來，她下定決心去面對。

「我不想我的小朋友因為我，從小害怕老鼠。」她說。

「聽你的語氣是預備好去處理了，那麼，應該從面對開始⋯⋯」

最後我分享了系統脫敏法，讓她自行逐漸解除恐懼，讓她在面對一些不具實際威脅的恐懼時，避免產生過度反應，也不會失控大叫，很快冷靜下來。事實上，很多動物恐懼症的患者即使對某種動物極恐懼，也不會認為自己需要治療和處理，只採取迴避和躲開刺激物的方法。然而，當其恐懼影響到一些他們重視的領域，如家庭、工作等，他們便會開始正視。

甚麼是恐鼠症？

恐鼠症即是對老鼠有過度及不合理的恐懼，是其中一種最常見的動物恐懼。其實人類恐鼠有重要的歷史因素。在中世紀，鼠疫（黑死病）的快速傳播是源於鼠類，最後更導致三分一歐洲人口死亡，因此鼠疫早就在人類的潛意識中成為災難的代名詞。事實上，即使現代社會醫學發達，已遠離鼠疫的威脅，但也不可完全杜絕老鼠的出現。大部分人都曾被街道或後巷出奇不意閃過的老鼠嚇倒，甚至尖叫。然而，這種緊張和害怕感會隨即減少，不會直接導致恐鼠症。

佛洛伊德的精神分析主要認為恐懼是與兒童時期的戀母情結（Oedipus Complex）衝突有關。在經典的案例「小漢斯」（Little Hans）中，佛洛伊德分析一個恐懼馬的 5 歲男孩，認為恐懼是戀母情結的延伸。後來行為主義則主張人之所以對某種動物有所恐懼，是受到與該動物有關的負面經歷影響或是從父母的恐懼反應中學習而來的。人對動物的恐懼多數在兒童時期已經開始出現，大部分個案在年少時對刺激物的反應算不上「恐懼症」，只感到情緒緊張或被嚇哭。卻因環境因素，如父母或家人過分保護，讓小孩避免接觸其恐懼的動物而逐漸鞏固了恐懼的形象，並對該動物有預期和

不必要的恐懼，長大後便發展成動物的恐懼症。動物恐懼症是特定恐懼症中最普遍的恐懼，其中常見的包括蛇、鼠、蜘蛛、蟲類等，患者當中有約75% 是女性。

經典案例小漢斯

佛洛伊德曾在文章〈孩童的性啟蒙〉（*The Sexual Enlightenment of Children*，1907）以及〈論孩童的性理論〉（*On the Sexual Theories of Children*，1908）中闡述小漢斯早期生活的部分記錄。小漢斯在 4 歲 9 個月時出現害怕被馬咬而拒絕出門的恐馬徵狀，後來佛洛伊德分析此為對父親的恐懼和戀母情結的延伸。這個案例並不是由佛洛伊德親自治療，但影響他對嬰兒和兒童的性理論，如閹割焦慮、戀母情結、目睹父母原初場景等的衝擊和研究。

恐鼠症的自療

Step 1：
- 識別具體的恐懼誘發因素和令你迴避的場景，如後街窄巷。

- 建立正確的認知，了解到一般老鼠皆怕人和不會對自己造成直接傷害。

Step 2：
- 動物恐懼的治療可以用系統脫敏法，先為自己訂立治療目標和刺激的等級。

- 執行前可以先練習腹式呼吸讓自己平靜，控制自己的情緒。

Step 3：
- 想像老鼠的形象，成功克服後再看老鼠圖片，逐步脫敏。

- 在街上看到老鼠時不要立即逃避，讓自己冷靜下來面對，改變恐懼思維。

恐蛇症

Ophidiophobia

恐蛇的人從不是少數，這是其中一種最普遍的動物恐懼。在我的前作《做自己的心理催眠師：圖解催眠治療》中紀錄了一個利用催眠治療恐蛇症的個案。個案陳小姐患有「上廁所」的恐懼症，總是覺得在上廁所的時候，廁所馬桶會有一條蛇竄出來咬她。在最初的時候只是在上廁所時感到不安，想要盡快地如廁後就離開。後來發展到從進入廁所那一刻就開始緊張，呼吸急速，非到最後一刻都不會上廁所。更甚者，她後來已經完全不能坐着如廁，必須每一秒都盯着馬桶，生怕蛇會隨時竄出來，直至遠離馬桶心情才可平靜下來。

慢慢深入了解後，發現原來蛇對於她而言是對「工作不穩定」的投射。馬桶隨時竄出來的蛇，也就是在她最脆弱時會突然襲擊的恐懼；也吻合了現實中她發現一個工作伙伴有奇怪行徑，潛意識認為該人會突然出變數，殺她一個措手不及。這個案說明了在現實生活中，某些恐懼會投射或轉移到一些動物或物件上，造成對該動物或物件的恐懼，就如前文提及的小漢斯般，把對父親的恐懼投射在馬身上。因此，當我們要治療那項恐懼症時，除了解恐懼物的實際威脅情況，亦同時要了解恐懼物或場地對案主的個人意義。

✦ 恐懼對個案的意義 ✦

文化和環境意義如蛇
＝　危險或有性象徵

個人潛意識中的意義
如蛇象徵或代表某人或某事、
被壓抑的性慾望和衝突

個人成長經歷的意義
如被蛇咬、目睹別人被蛇咬

　　誠然，若要說一種我所恐懼的東西，蛇必然是我首選。以往對蛇的害怕只因在影視媒體上看到蛇的捕食過程和形態，和聽《聖經》故事提及蛇是魔鬼的化身，還算不上是恐懼。直到有天，當我還在上中學時，在網絡上看到一篇蛇吞下了一個成年男人的組圖，頓時心跳加快，頭皮發麻，怕得呆住了。那次之後我便對蛇有強烈恐懼感，即使在電視上看到也會立即轉台。後來接觸了心理學後，了解到暴露療法是最有效治療恐懼的，便下定決心要「自療」。

✦ 我的自療方法 ✦

先到一個設有蛇館
的動物園

在蛇館大門前
做深呼吸放鬆，
並告訴自己
我是可以放鬆
慢慢面對的

慢慢走進蛇館，
留心自己的呼吸節奏，
在開始感到心跳和
呼吸太快時停下來，
遠看着在玻璃另一邊的蛇，
再嘗試放慢呼吸

呼吸再穩定後
繼續行前一點，
由只可遠視到
嘗試看蛇的不同部分

最後
待完全可以呼吸平靜，
心跳相對平穩時
再轉向看另一條蛇，
如感恐懼
再重複呼吸放鬆

雖然在香港這個大都會，要在日常生活中接觸或看到蛇也不算容易，但我不喜歡恐懼蛇時的無力感，因此希望正視並處理這種恐懼。誠然，暴露療法聽上去對恐懼症患者來說十分驚嚇，但治療效果非常迅速和有效。假如你對動物有恐懼，最好的治療就是在安全的環境下直接面對，讓身體對該刺激物重新建立一個正面的認知。

甚麼是恐蛇症？

在不少宗教、民間傳說、文學和藝術品中，蛇都是邪惡、危險和歹毒的化身；不難理解的是，祖先已遺留了一定程度對蛇的恐懼給我們，恐蛇症也就是對蛇有不合理而不能控制的恐懼。即使在香港遇上蛇的機會不多，患者還是時常戒備，碰上任何與蛇有關的影像、圖畫，甚至是黑白平面海報，皆會心生恐懼，無法放鬆自己直到離開刺激物才能平復。

恐蛇症的自療

Step 1：
- 和老鼠恐懼相似，蛇恐懼的治療可從識別具體的恐懼誘發因素和令你迴避的場景開始。

- 建立認知，識別在香港野生蛇出現的機會不多，且大部分不會直接傷人。

Step 2：
- 動物恐懼的治療可以用系統脫敏法，先為自己訂立治療目標和刺激的等級。

- 在執行前，可以先練習腹式呼吸讓自己平靜，控制自己的情緒。

Step 3：
- 準備蛇的圖像、影片做脫敏練習，成功克服後再用玩具蛇，令自己逐步脫敏。

- 在心理準備好改變恐懼性思維時，可到動物園或有設蛇館的動物園，讓自己冷靜下來面對，完成脫敏。

恐蟲症

Entomophobia

科學家指出，這世上大約有 10,000,000,000,000,000,000（百萬的三次方）的昆蟲，比人類多百倍不止。對於喜歡昆蟲的人來說，不同形態的昆蟲各有特色，但對於有昆蟲恐懼的人而言，這數字是十分驚嚇的。雖說昆蟲的體形細小，但對於昆蟲恐懼者而言，這並不會減少他們的困擾。

Vincy 是一位 29 歲準媽媽，臨盆在即卻有一事仍困擾她和家人，就是對昆蟲的恐懼。在第一次約見面談時，治療室十分熱鬧，迎來了 Vincy 的父母、丈夫和 Vincy 共 4 人。

「我想治療恐懼昆蟲的問題，因為我 BB 很快就出世，現在我因為怕那些小昆蟲而不能住到新屋，所以現時住在娘家……」Vincy 說。

「嗯……」

正當我想開口之際，Vincy 的媽媽已按捺不住：「Vincy 講得不夠清楚，她從小到大都由屋企人照顧，沒甚麼機會獨立處理家庭事。結婚之後，要搬離屋企照顧先生，現在又沒有工作；可能是壓力大，所以會比較煩躁，有時又被那些蟲嚇至難以入睡，看看可以怎樣幫幫她。」Vincy 媽一臉憂心，看着愛女腹大便便，又受情緒困擾，心痛不已。

一個 29 歲、結婚 1 年多的女人，在與心理治療師會面時爸媽仍會陪伴在側，丈夫坐在一旁，由父母代說問題，可見這個女子在家庭的自主性和成長背景方面需要深入了解。

我禮貌地點了點頭，把目光直接轉向 Vincy，「你是否介意分享多一點，你怎樣發現這個恐懼？恐懼的程度和以前相比有沒有甚麼不同？恐懼發生的時候，你的反應、處理方法是怎樣的？」

Vincy 專心地聆聽問題後說：「我一直都不喜歡小昆蟲和動物，但基本沒有太大恐懼。到我結婚後搬出去新屋，只有我和先生住，而且我們住的地方很潮濕，搬入去前並不知道的。後來，有 BB 後就有很多零零碎碎的事需要處理和適應。有一天，我打開雜物

房內一個很久沒有開過的櫃，一打開就發現有很多細蟲仔，黑色一點點，已經多到好可怕；再望望原來牆身都黏住很多。那時我好驚，又不知是甚麼蟲，嚇到⋯⋯我都記不得怎樣了，就記得走到客廳一直哭。哭了一會兒打電話給媽咪，她就過來陪我，還帶了屋企個『姐姐』過來幫手清潔⋯⋯大約是⋯⋯4至5個月前⋯⋯」Vincy 敍述時仍心有餘悸，一說到看到蟲子的驚慌時面容扭曲，與剛進來時的平靜成一對比。

「依照你這樣說，是某一次突然發現好多蟲而產生對昆蟲的恐懼⋯⋯那次之後還有嗎？」我鼓勵 Vincy 再說多一點。

「我以為清潔完就一切變回正常吧，但不久又發現有蟲⋯⋯那一刻我整個人崩潰了⋯⋯即是原來那些蟲是會經常出現的！那時腦子空白一片，完全不知道怎樣去處理⋯⋯之後就開始無上班，專心養胎。發覺自己在家時好像少少事都會好怕，成日都怕見到那些蟲子，夜晚睡得十分差⋯⋯之後媽咪就叫我返屋企住一段時間，又可以照顧我。但問題是，我差不多 3 個月後就生 BB，生完之後都要回去新屋住，現在我連去新屋都會緊張，完全不可以步入那間房，所以不知怎麼辦。」Vincy 述說時心情有點激動，坐在身旁的我也感受到一種強烈的無力感。

再深入了解 Vincy 的成長經歷和背景，Vincy 的恐懼情況有點不同於一般恐懼症，因為她正在懷孕，本來就要調適生理和情緒轉變。加上她成長過程中過分被保護，對獨自處理生活問題的經驗不太足夠，然後她又在結婚不久後懷孕，身份上由被照顧的女兒轉為要照顧丈夫和肚裏小寶寶的媽媽，這些都是一些壓力來源。如此加在一起，負面情緒本來已經如箭在弦，直至發現小蟲那一刻便崩潰了，把所有不安和恐懼表現出來。以生活事件壓力量表來測試，Vincy 在過去一年的生活變化最少達到中度的壓力指數，對罹患身心疾病都有中等的風險。對於這個個案，我先着手處理她的表徵問題，也就是發現小蟲時過度的反應，再慢慢為她建立新的認知。雖然未能有足夠的時間去深入處理潛藏的自主和克服危機韌性等問題，但至少可以讓她應付和緩解現在面對的問題。

甚麼是恐蟲症？

　　昆蟲恐懼可分單一的昆蟲恐懼，如草蜢、蟑螂、蜜蜂，或恐懼全部昆蟲。有如其他單一的恐懼，昆蟲恐懼患者在看到昆蟲時會不由自主地感到極度恐慌，縱然在理性上是明白昆蟲很細小並不會構成生命威脅，但仍會受到刺激，或會當眾大哭起來。

恐蟲症的自療

Step 1：
- 識別具體恐懼的昆蟲、恐懼的因素和令你迴避的場景。

- 嘗試認識恐懼的昆蟲。

Step 2：
- 與其他動物恐懼一樣，昆蟲恐懼的治療可以用系統脫敏法，先為自己訂立治療目標和刺激的等級。

- 在執行前，可以先練習腹式呼吸讓自己平靜，控制自己的情緒。

Step 3：
- 準備昆蟲的圖像、電影做脫敏練習。

- 若遇上該昆蟲時不要立即逃避，可以用數脈搏法，用一隻手的食指和中指輕按在另一隻手腕的脈搏，由 1 數到 100，讓自己專注平靜下來。

生活事件壓力自測表

　　事實上，不只是不幸或負面的事才會引起壓力，正面的事情或轉變有時也會令我們「壓力爆錶」。生活事件壓力自測表是 1967 年精神科醫生 Thomas Holmes 和 Richard Rahe 所提出的 43 項可導致患病的人生壓力事件指數。此自測可助你了解生活各事的壓力程度，以增加自己面對事件的自我覺察力和心理準備。請想想，在下列的生活事件中，有發生的寫上 1，如多過一次寫上其他數字，並把次數乘以分數。

	生活事件	事件壓力程度價值 （分數）	發生次數 × 分數
1.	配偶死亡	100	
2.	離婚	73	
3.	分居（婚姻）	65	
4.	入獄	63	
5.	近親或家庭成員死亡	63	
6.	個人疾病或受傷	53	
7.	結婚	50	
8.	被解僱	47	
9.	破鏡重圓	45	
10.	退休	45	
11.	家人的健康情形改變	44	
12.	懷孕	40	
13.	性困難	39	
14.	家庭成員增加（新生兒降臨）	39	
15.	事業再適應	39	

16.	經濟狀況改變	38	
17.	好友死亡	37	
18.	換不同的工作	36	
19.	與配偶爭執的次數改變	35	
20.	房屋貸款超過美金一萬元	31	
21.	抵押品贖回權被取消	30	
22.	工作職責的改變	29	
23.	子或女離家	29	
24.	與姻親發生衝突（或有問題）	29	
25.	個人非凡的成就	28	
26.	配偶開始或停止工作	26	
27.	學校開始或結束	26	
28.	生活起居、環境等的改變	25	
29.	改變個人習慣	24	
30.	與上司不合	23	
31.	工作時間或條件改變	20	
32.	搬家	20	
33.	轉學或重回學校	20	
34.	休閒習慣改變	19	
35.	宗教活動改變	19	
36.	社交活動改變	18	
37.	新增小額的貸款	17	

38.	睡眠習慣改變	16	
39.	家人團聚次數改變	15	
40.	飲食習慣改變	15	
41.	重要節日或假期	13	
42.	聖誕節（新年）	12	
43.	輕微違法（如交通罰單）	11	
	總分		

分數分析：

低於 149 分：風險一般，有大約 30% 的機會罹患身心疾病

150-299 分：風險中等，有大約 50% 的機會罹患身心疾病

300 分以上：風險較高，有大約 80% 的機會罹患身心疾病

* 　原出處為：Holmes, T. H., & Rache, R. H. (1967). The social readjustment rating scale. *Journal of Psychosomatic Research*, 11, 213-218.

輕 生 活

每天練習好好生活，為心靈減減壓！

Monday

觀看網上有趣的短片

Tuesday

學習新的工藝或愛好

Wednesday

專注地聽音樂，
放鬆身心

減 壓 日 誌

Thursday

下廚烹飪

Friday

釋放壓抑的情緒，
讓自己好好哭泣

Saturday

約朋友出去郊遊、
去公園野餐

Sunday

去博物館，到喜歡的咖啡室
或茶館享受午後

CHAPTER

3

廣場及環境恐懼

恐懼是永不會消失的，
也不能消失，
因為它在有危險時
具保護和提醒我們的作用。

除了單一和特定的恐懼症外，

廣場恐懼症也困擾着不少人。

廣場恐懼症（Agoraphobia）包含的環境和空間很多：

交通工具、人群、公眾地方、封閉的地方、

獨自外出以至離開家中的恐懼亦計算在內。

本章會討論不同的廣場恐懼症患者的恐懼，

當中包括：

塞車恐懼症（Traffic Jam Phobia）
飛行恐懼症（Aviophobia）
幽閉恐懼症（Claustrophobia）
開放空間的擠迫恐懼症（Demophobia）
畏高（Acrophobia）

廣場 恐懼症

Agoraphobia

不是所有患者都會對全部的空間恐懼，但他們的共通點是，當想到一旦在那環境驚恐發作時會難以逃離和因失救而死，便感到異常恐懼和不安，出現頭暈、胸悶、心悸等生理徵狀，患者在恐懼發作時會感到自己完全不能自控，恐懼感會在數分鐘內達到高峰，然後再慢慢平靜下來。由於有一次或重複類似緊張的經歷後，會產生預期焦慮，每次遇到相同的環境和情況時，便會誘發起焦慮恐慌，即時產生逃避心態，以致極力迴避和拒絕，最終又再增加對該場景和恐懼的聯結。

在我剛開始私人執業第二年的某個上午，治療室的電話響起，「喂，請問是不是心理治療中心？」

「是，早晨。」我答。

「我想諮詢一下，你們有沒有上門治療的服務？」耳筒傳來一把中年女士的聲音。

「不好意思，暫時無安排上門治療的服務，可否講一講你想求助的原因？」雖然沒有上門治療的服務，但有些時候或許可以先了解個案要求上門的原因，若因為心理方面，我們可以在電話作基本諮詢再決定。

「我想治療恐懼『出街』……」女士回答。

「你意思是對『出街』有恐懼，可否講多一些？幾時開始？近來『出街』時有甚麼反應？」我問。

「其實日子都不短，有大概 12、13 年。」電話另一面回覆。

「看來這個問題已經困擾了你一段時間……其實如果方便可過來我們中心，可以讓我詳細了解，再商討治療方案，這樣會對你的恐懼問題更有幫助。」我引導。

「我……想我不能夠『出街』……有大概 12 年沒有出過去。」

我按捺着驚訝，「12 年……完全無出過街，你的日常生活都在家解決？」

「是的。」她回應。

　　我真有點不相信自己的耳朵。雖然我明白恐懼症會影響個案的日常生活，但從來沒有想像過是如此的全面，導致自我禁足在家超過 10 年。試想像一下，一個人 10 多年沒有離開居住的地方、沒有正常的社交生活、沒有工作的人生是怎樣的？或許我們最直接的反應會是「不是吧？！怎麼可能？！」可這正正是嚴重廣場恐懼症患者的困境。雖然這個諮詢來電最終並沒有成為我的個案，但這段對話讓我知道，我們身處的這個大都會，有些人被恐懼困擾得無法如常生活，卻也苦無辦法解決。

　　相信大家對挪威畫家愛德華·孟克（Edvard Munch）的作品《吶喊》（*The Scream*）並不會陌生。這幅作品（下圖）是孟克的代表作之一，畫面是一個紅色的天空映襯了一個扭曲驚恐的表情，孟克在 1892 年的一篇日記中記錄了此作品的靈感：他和兩個朋友一起迎着日落散步，忽然有一股憂鬱，令天空變成血紅色。他停下了腳步，焦慮得發抖，感受到大自然那強烈又無盡的吶喊。據記載，孟克本人長期受心理和情緒問題困擾，包括廣場恐懼症和抑鬱症，出現的症狀包括失眠、身心痛症和沉迷酒精等，並曾多次住院。雖然，恐懼有時的確會讓我們對生活和環境有更多的體驗或創意，但事實上，廣場恐懼症如果不治療，很有可能會發展成嚴重的焦慮症和抑鬱，也有不少個案需要倚靠非處方藥物和酒精來減輕害怕、孤獨和寂寞感。

《DSM-5》中有關廣場恐懼症的統計

- 普遍來說，廣場恐懼症的個案都會在青少年時期開始出現（平均 17 歲），三分之二的個案在 35 歲前發作。

- 第一個發作的高峰在青年至成年早期；第二個在 40 歲之後；在兒童時期發作的案例較少。

- 大多數的患者都是因突然爆發驚恐（Panic Attacks）而產生廣場恐懼症。

- 每年大約 1.7% 的青年及成人罹患廣場恐懼症。

- 女性個案的比例較男性多 2 倍。

- 超過 65 歲的廣場恐懼症則有 0.4%。

- 大部分患有廣場恐懼的個案都有其他心理障礙，最常見的是焦慮有關的障礙，如特定恐懼、社交焦慮和抑鬱症或酒精濫用等。

廣場恐懼自測

1. 你是否對下列 2 種或以上的情況有明顯而持續的恐懼或逃避行為？

    a)   交通工具（如巴士、港鐵、飛機、火車）

    b)   人群（如演唱會、節日倒數）

    c)   公眾地方（如橋、停車場）

    d)   封閉的地方（如電梯、戲院、關上門的小房間）

    e)   獨自外出

2. 在遇到該情景時，你是否有下列其中 2 項或以上的症狀（其中至少 1 種來自項目 a 至 d）？

    a)   明顯恐懼和焦慮

    b)   感覺到自己的心跳及心跳加速

    c)   出汗

    d)   身體顫抖

    e)   口乾（並非由藥物或脫水引起的）

f) 呼吸困難

g) 有窒息感

h) 胸口疼痛或不適

i) 噁心或腹部不適（如感到胃部攪動）

j) 頭暈、頭昏或感到腳步不穩

k) 發熱或發冷

l) 害怕死亡

m) 害怕自己失控、發瘋或昏倒

n) 感到周圍環境不真實，感到自己與軀體分離，對自己的感覺不真實

o) 肢體感到麻痺或刺痛

3. 你的症狀是否符合下列其中 2 個特點？

- 以上的症狀或在逃避公眾場合時令你感到顯著的情緒困擾，而且也意識到自己的反應是過分或不合理的。

- 以上症狀只會在你遇到自己所害怕的情景時（或當你想起自己所害怕的情景時）才會出現。

- 該恐懼和逃避行為已經持續超過 6 個月或以上，並不是由其他身體疾病或藥物引起的。

結果分析

如果你在問題 1、2 及 3 的答案皆為「是」，你很有可能患上了廣場恐懼症。建議你考慮向精神健康專家求助。

塞車恐懼症

Traffic Jam Phobia

在人多車多的香港，繁忙時間會塞車已是必然的事。2014 年，有汽車潤滑油製造商利用汽車啟停指數（Castrol's Magnatec Stop-Start Index）去計算，發現香港在全球 78 個城市中的交通擠塞情況排行 20，屬嚴重擠塞類別。不只路面交通擠塞，有時就連地下鐵路，也會因事而停頓，困在車廂動彈不得，既納悶又無處可逃。美國數學教授 Benjamin Seibold 曾經做了一項關於神秘塞車的研究，發現任何極微小的交通狀況，如前面司機急剎了一下車，皆可發展成蝴蝶效應般的蔓延，造成塞車。大部分人在塞車時會較容易衍生出負面、心急和煩躁的情緒，但對塞車恐懼症患者來説，日常遇上塞車簡直是個災難。

「好煩，又塞車！日日都塞！」坐在巴士一端的少女拿着電話在碎碎念抱怨。我好奇把目光投向她的方向，發現坐在她身邊的另一位少女全身有點抖、面色發白、呼吸好像有點困難。當我再想仔細看清楚時，恰巧巴士向前開了一點，門打開，她匆匆下車。我的意識此時回溯到一個個案：Seline，24 歲，女性，在船務公司任職文員，求助的時候受嚴重廣場恐懼症困擾，當中最明顯的是塞車時恐懼發作，讓她坐不了港鐵以外的車，完全避免參與上班以外的活動，以往最喜歡的演唱會去不了，也不能獨自在黃昏後外出。在第一節會面時，她對自己的情況已經無能為力，心灰地説：「我覺得自己以後不能再四處去玩。」

「你可否多談一些，甚麼時候開始有這種恐懼，當時的情況又是怎樣的？」我問。

「其實第一次有驚恐發作，是在差不多 2 年前，我在澳洲 Working Holiday，去了 2 個多月。那天放工差不多黃昏的時候，我走過一條馬路，突然覺得天空有些奇怪，有一種難以名狀的恐懼，覺得心跳得很厲害，好像快要跳出來般，四周很遠才有人，我很驚慌，完全不知道自己發生甚麼事，完全控制不了自己的身體，想暈倒似的，好辛苦，好怕自己暈倒了無人理。」Seline 述説。

「那刻好辛苦，有類似不能呼吸的感覺……」我回應。

Seline 點頭，「對、對。」

我露出好奇的目光,「……之後呢?」

「之後返到住的地方以為無事了,怎知道過了幾天,自己一個外出搭巴士時,又是黃昏的時段,我記得當時在前面燈口有幾架車塞了幾分鐘,我突然發作,又感受到那些強烈的心跳,當時好像走不了,好辛苦,好擔心自己會暈倒被人送到醫院,又怕如果很危急,來不及到醫院……到大約 10 多分鐘後,我立即下車,蹲在路邊,過了好一陣子才可平靜自己離開……之後我都不敢自己坐巴士,或者自己出去。後來我覺得太嚴重,就提早回來香港。」Seline 說的時候,不只是恐懼,似乎有點討厭自己被恐懼打倒。

「回來香港之後呢?這個問題還有沒有繼續困擾你?」我問。

「有呀,我發覺一塞車,或者在一些我走不了、又無可靠的人在旁邊的時候就會發作,又或是好怕會發作。慢慢,就自然會避免獨自出去,去陌生地方會緊張,經常擔心會發作……現在我一入夜就要趕快回家,完全沒有和朋友食飯的機會。」可以想像得到,一個 24 歲的少女被恐懼症影響日常生活和社交的困擾。但更令我好奇的是,她真正怕的、焦慮的是甚麼?在心理治療中,當然我們憑藉的是「證據」,也就是個案的主觀論述,但更多的時候,我們需要留心她沒有說的。在 Seline 的第一次會談的資料搜集後,我從她的敍述中,發現她說家人的時候十分淡然,雖然沒有匯報特別的童年陰影,然而直覺告訴我她和其他人的關係不太密切。Seline 的外表不時帶點靦腆,說話的聲音略為柔弱、不自信,但她十分專注,在治療過程中不論是呼吸練習還是投射繪畫皆全神投入。

「咦,我察覺你畫畫的時候好認真,你鍾意畫畫?」在及後的節數我引導她多說一些自己的事。

「對呀,我以前都有學過少少……有想過做與畫畫有關的工作。」她回應。

因為曾經習畫,我看得出 Seline 是懂畫畫的,也故意再問多一點。「和你現在的工作分別好大……」

「我覺得自己不夠其他人畫得好，所以現在還是正正經經做一份穩定的工作吧……」

「『覺得自己畫得唔好』這個想法是從哪裏來的？」我開始挑戰她的想法。

Seline 沉默了半晌，「……我阿爸經常都叫我『實際啲』，説我畫的東西很普通，沒甚麼特別，所以我還是選了一份正常的工作，好過教畫和整天想參加畫畫比賽。」

「你自己覺得呢？」再把握了她回憶自己喜歡的興趣，深入探討真正潛藏在心中的恐懼。

「我……都可能係，雖然內心有種鬱鬱不得志，但是看到以前的一些……自己覺得好平凡的人都開始發熱發亮，好像很成功，就會想自己是不是真的這麼差勁呢？以前常幻想，我畫的東西漂亮、精細就會有機會被人發掘，或者會贏比賽而成名，可能以前真是太自負……現在就會想其實自己的天分真的只是一般。」這段分享有一股強烈的失落感。

在 Seline 的説話裏不止一次提到成名，看得出她非常重視這點，我便單刀直入：「你不甘心自己一事無成，而且內心深處恐懼自己是真的無才華。」

Seline 呆看我。

後來她説，從小她都自覺十分平凡，只有畫畫這一項是可以讓她有些成就感，可惜父母常「潑冷水」，叫她踏實做人。就在她鼓起勇氣希望在澳洲工作假期時可以邊做邊畫畫時，她驚覺要生存要自立是件不容易的事，每天工作都很累，並沒有機會畫畫。那時，剛又在社交媒體上看到一些以往認識的人生活有些小成就，人在異鄉的她便失落起來。在 Seline 的潛意識中，她非常希望自己可以憑着天賦得到別人的賞識，但這個憧憬隨着年齡增長和實際生活的需求而漸漸破滅。她正面對現實與理想的衝擊，恐懼的發作是她無力感的展現，她控制不了塞車的等待，就如她控制不了自己對成名的等待。在超過 10 節深入的治療後，Seline 已經可以慢慢挑戰

晚上外出，和朋友食晚飯、看音樂劇，坐短途巴士和在塞車時讓自己平靜下來。雖然還未可以到外地旅遊和獨自坐車去較遠的地方，但這些改變已增加了她生活的選擇，和建立她對自己有能力改變和控制的自信。

甚麼是塞車恐懼？

塞車恐懼症患者不只是討厭和對塞車感到煩躁，而是每當遇上塞車時，都會十分緊張，驚恐症發作。每一次都會出現因擔心自己突然有危險而失救或緊張暈倒的負面幻想，繼而避免坐陸路交通、頻繁地上網查塞車資訊，甚至拒絕外出以完全避免自己遇上塞車。有些塞車恐懼症的個案會伴隨其他恐懼，如幽閉恐懼和擠迫人多恐懼等，某一部分只有塞車時會感到恐懼。

塞車恐懼的自療

Step 1：
- 可在認知方面入手，了解自己塞車時的反應是因心理因素影響生理，並不是有其他重病。

- 了解塞車的時間有限，如遇突發事件可以如何尋求協助。

Step 2：
- 學習放鬆肌肉，當恐懼時覺察並留意自己哪一個肌肉群處於緊繃或僵硬狀態，嘗試放鬆肌肉。

- 利用腹式呼吸法在感到恐懼開始時先覺察自己的呼吸，盡量用意識調整，放慢放輕，利用腹式呼吸作深呼吸。

Step 3：
- 不要逃避坐車，在遇上塞車和緊張時，用數脈搏法，以一隻手的食指和中指輕按在另一隻手腕的脈搏，由 1 數到 100，讓自己專注。

- 建立健康生活，平日多做運動及參與身心放鬆活動，可讓自己感到身心健康正面，以減少對恐懼和焦慮的聚焦。

飛行恐懼症
Aviophobia

NBA 球星 Royce White 在 2012 年曾是休斯敦火箭選出的新秀，但他曾經缺席了一週的練習，原因是因受飛行恐懼和焦慮症困擾。已故搖滾巨星 David Bowie 也曾因在 70 年代初乘飛機時遇上了風暴而產生飛行恐懼，長期選擇坐船隻和火車出行。他們就如許多的飛行恐懼者般，因負面驚慄的經驗而產生負面預期，繼而避免在飛機上再次感受恐懼。

Wendy 年近 40、任職教育界、未婚、與母親同住，求助原因是有飛行恐懼，但她希望在下一個長假期可以和媽媽、哥哥一家人一起到日本旅行。

「以前我好鍾意四圍去，一有假期就出去玩，但是上年有一次在馬來西亞回香港時遇上氣流，又想起飛機失蹤的新聞，就突然間好害怕，怕到控制不到自己，不停出手汗、感到有點窒息，甚至還怕死在飛機上！其實飛機之後已經回復正常，但我回到香港還是很怕，到現在還是不敢上飛機。」Wendy 憶述。

「聽起來那次經歷真的令你好害怕，當時有沒有想起，或者聯想到一些片段？」我們都知道，人在恐懼時腎上腺素分泌令人呼吸加快、瞳孔放大、心臟收縮力上升；但原來，有科學研究指出，腎上腺素引起的心率增加和膝部搖動，也可造成恐懼的感覺。而由情緒壓力導致的腎上腺素釋放，可以調節對某事件在記憶中的鞏固程度。在恐懼時的回憶或幻想，也許可以讓我們了解在 Wendy 心中，有沒有其他恐懼的關聯。

「那又沒有，除了好害怕之外，好像有一刻想到我現時死了還是未找到另一半。」Wendy 口中的另外一半是指伴侶。根據 Wendy 說，她已經有差不多 6 年沒有男朋友。對於自己年近 40 而沒有另一半，Wendy 口中常說單身也很快樂，但其實她是介意的。Wendy 的自我保護意識非常強，最初她對於這一部分並不願透露，但當她明白恐懼很大部分是屬於焦慮，而當我們有覺察力就可減輕恐懼時，她慢慢透露了自己的心事。

在皇家空軍擔任飛行員兼精神病學顧問的心理學家羅伯特・波爾（Robert Bor）指出，工作壓力、婚姻不和諧或子女生病等等與飛行無直接關聯的事物，其實也會引發人們的恐懼情緒。就如一般的新時代事業女性，Wendy 常為口奔馳，同時也要照顧開始年邁的母親；加上 Wendy 從事教育工作，在工作地點認識不到對象。6 年前分手的對象說和她相處「好似對住訓導主任」，她一直很介懷，也未能遇上新的緣分。飛行恐懼雖然最直接的表現是恐懼因飛機失事而死亡，但在 Wendy 的潛意識中，死亡是代表她「嫁唔出」，正正是她非常抗拒的事情。在理智上她壓抑自己渴望有伴侶可結合的想法，然而，當她想到要和哥哥一家，包括他的太太和兩個小朋友一起旅行時，那種渴望組織家庭的感覺就會被喚醒。因此，和她輔導時多給予機會了解自己壓抑的想法，釋放心中的焦慮，再配合放鬆技巧的分享，讓她明白自己的飛行恐懼是不合理但可以控制的。

甚麼是飛行恐懼？

縱然很多數據都指出，飛機相對其他交通工具是十分安全的，而一個人死於空難的機率只有 1/11000000，飛行恐懼還是嚴重地困擾着某些人。不少求助個案指出，其實他們本來是沒有飛行恐懼的，但在某次飛行途中遇上氣流時，頓時陷入非常緊張的狀態，心跳加速，驚慌不已卻又無法自控；因此遇有些許氣流便會大為緊張，引致驚恐發作，漸漸成為飛行恐懼。大部分飛行恐懼者是害怕遇上氣流時，自己無法控制的驚慌和心跳，以致身體出現出汗、心悸、暈眩、發熱或發冷等徵狀，於是更加恐懼，怕自己的身體出現更嚴重的狀況，更會幻想飛機上的一切災難。身在飛機是無法即時逃離的，故飛行恐懼者要慢慢等待自己平復下來。即使安全後也因負面的回憶，而對任何飛行都產生恐懼。

飛行恐懼的自療

Step 1： ● 識別誘發恐懼的因素，如飛行的天氣、座位、人數、起飛時間、朋友或親人是否在場等。

● 作認知調整，了解飛機的安全性和飛行過程中會出現的現象。如死於車禍的機率為 1/5000，死於食物中毒的是 1/3000000，而飛機則是 1/11000000。根據國際航空運輸協會（IATA）的安全統計數字，在 2015 年，共 35 億人乘坐民航機旅行，而當中發生事故的共有 68 宗。因此，過分恐懼飛機失事是非理性的。

● 做一些資料搜集，如為甚麼飛機加速、為甚麼耳朵會莫名不適、為甚麼有氣流等，好讓自己了解飛機的安全性。

Step 2： ● 學習並練習腹式呼吸放鬆法。

● 乘坐飛機時可轉移注意力，在飛行期間可以嘗試專注看電影，或聽音樂分散注意力，在恐懼時放鬆自己，嘗試繼續專注一些活動。

Step 3： ● 嘗試放鬆肌肉，細心留意自己哪一個肌肉群處於緊繃或僵硬狀態，嘗試放鬆。

● 在開始感到恐懼時，先合上雙眼，盡量用意識調整呼吸，放慢放輕，利用腹式呼吸作深呼吸。

● 運用數脈搏法，用一隻手的食指和中指輕按在另一隻手腕的脈搏，由 1 數到 100，讓自己專注。

幽閉恐懼症
Claustrophobia

在 1994 年由陳可辛執導的電影《金枝玉葉》中，哥哥張國榮飾演一個患有幽閉恐懼症的音樂監製顧家明。每當他被困電梯，便會十分恐懼和焦慮，大叫付了很多管理費電梯也經常壞，令他常常被困電梯受驚。最後他靠唸急口令讓自己轉移專注力，暫時忘記恐懼。

在我還未正式有自己的治療室前，每當需要面見個案，我會租用一所輔導中心的治療室。當時房間外面有其他工作人員，我和個案則在治療室中面談，但有一次，當個案坐下我準備關門時，她有點緊張說：「不可以關門！」

對於個案這個要求，其時的確有一些考量，我有責任保障她的私隱，也就是不讓第三方在沒有特殊情況和危險下得悉個案的談話內容，但在租用的治療室有其他人往來，若門開著只怕未能確保對話的私隱度。然而，個案這個要求是她的意願，我亦需要尊重。在簽寫了保密協議後，我便分享了對私隱保障方面的關注，我想了想：「嗯，不如我輕掩門口，不完全關上，過一會再看看情況，好嗎？」

「Ok、Ok，不完全關上就 Ok……」Angie 笑了笑。「其實，我就是想處理這個問題……幽閉恐懼症已困擾我好多年。」Angie 說。

「可否分享多一些，是哪時發現有這種困擾？」

「其實就在 10 年前左右，那時發現自己在好狹窄的地方會很不舒服，不知是甚麼原因……有窒息的感覺，然後開始有驚恐的徵狀，好辛苦，最後支持不住就去找臨床心理學家幫忙。他教我做一些練習，改變認知；3 個月後，恐慌沒有發作。但近半年恐慌感又再出現，在密閉、細小的空間時就會發作，甚至嚴重至 3 星期前，一班同事午飯時在餐廳包了一間房，關門不久我的恐懼症就發作，真的好害怕，怕到要同事陪我立刻走。」Angie 敍述時一面愧疚。

「嗯，你的意思是 10 年前有接受過治療，當時消除了你對密閉空間的恐懼？」我問。

「是的。」Angie 點頭。

「嗯，我比較好奇，既然當時的方法可行，為甚麼你會希望轉方法，想由我和你一同解決問題？」在最早期的時候，我主要治療方法是催眠治療，而全部求助個案也為此前來。Angie 在 10 年前接受的是認知行為治療，而且有效消除她的恐懼，在這次幽閉恐懼症發作時，她選擇做催眠而非繼續進行認知行為療法，因此，我希望了解她對心理治療真正的期望。

「其實那個心理學家都好好，但總是感覺上有所欠缺，有時我會比較理性，知道有些事情不用怕，或者有意外發生的機率好小，但我仍然控制不到，一關門就聯想到自己被困，不能離開，然後會暈眩，要被送進醫院，控制不到自己的腦袋瘋狂地幻想；所以我想由潛意識方向去了解和解決這個恐懼。」Angie 解釋了她對恐懼症的想法。的確，世上有超過 100 種心理治療的取向，每一種都有自己的主張、看待問題的方法和切入點，而每個治療師的個性和跟個案的交流方法也有異，故 Angie 的選擇，或多或少也說明了她認為自己的困惑單靠認知行為練習是不夠的。

在了解 Angie 的要求和想法後，我們開始催眠治療。在過程中我讓她幻想一個身心舒暢的地方，再慢慢把空間收窄，在完結前我給的指令是：「你可以在潛意識的世界，待在一間關上門的房間也保持放鬆；你同樣可以在現實世界中，有能力在關閉的房中保持放鬆，就好像現在 ⋯⋯」

然後我解除暗示，「你可以慢慢張開雙眼。」Angie 緩緩張開雙眼，看到門已經關上。「你已經可以做到在封閉空間放鬆了，是你的能力和勇氣做到的。」我不慍不火慢慢說，Angie 有點驚訝。

我微笑，「剛才在催眠時的感覺如何？」

「幾放鬆 ⋯⋯」Angie 答。

「你有能力讓自己放鬆的，即使是我把門關上 ⋯⋯」我利用客觀的事實，來打破她心目中主觀地認為「不能在封閉的房間讓自己

冷靜」的想法，再建構「**現實世界你也中有能力在關閉的房中保持放鬆**」的認知。

在及後的治療，我發現 Angie 的幽閉恐懼很大程度源於家庭中的關係和權力爭鬥，以及對自我的一些信心問題，導致她對擁擠和難以逃脱的狀況十分敏感和恐懼。治療恐懼主要在感覺着手，先擴大 Angie 在面對幽閉恐懼時的信心和重新建構她的自我認知，再處理她的潛藏問題；解除她對封閉地方的恐懼外，也增加她正向面對生活挑戰的能力。

心理治療的切入點可以從認知、行為或情緒開始。與 Angie 的治療則是從情緒開始，利用催眠治療改變她對封閉空間的情緒（恐懼→不恐懼），從而改變她的認知（我不能關上門→我可以控制自己在關門時出現的情緒），最後改變她的行為（不能關門→可以關門）。

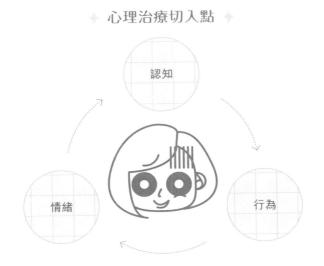

✦ 心理治療切入點 ✦

認知

情緒

行為

甚麼是幽閉恐懼症？

普遍而言有大約 4% 人患有幽閉恐懼。某些飛行恐懼症患者其實並非恐懼飛行本身，而是有幽閉或密室恐懼。患者的恐懼可以在不同但封閉的地方，如電梯、戲院、車廂；也可以是在單一的地方，如只在關閉的小房間，當在密閉的空間時就會感到異常驚慌，也會有恐懼發作的反應。就如

其他的恐懼症，幽閉恐懼的成因複雜、不單一，當中可能包含心理因素、社會因素、遺傳因素、性格和生物學因素等，但相對於其他單一的恐懼，患有嚴重幽閉恐懼症的患者的生活會受較多的影響。曾經一位學生在一個治療恐懼症的課堂分享，她因為幽閉恐懼症發作在高速公路突然停下車走出路面，可以想像這是多麼的危險！

唸急口令治療被困電梯恐懼？

電影《金枝玉葉》中，阿 Wing（袁詠儀飾）在顧家明（張國榮飾）被困電梯時，教他唸急口令：「麥當娜約咗麥當雄去麥當勞道個嗰間麥當奴食麥皮撈當歸」，從而緩和他的恐懼感。在現實生活上，幽閉恐懼症的個案如遇上相同情況，讓他們轉移注意力，不瘋狂幻想自己會有危險或死亡，的確可以有助緩和過分不合理的恐懼感。

幽閉恐懼的自療

Step 1：
- 先識別自己在甚麼情況或環境下會誘發恐懼。

- 為自己制訂並實行漸進式脫敏計劃。

- 按不同程度的恐懼分等級。

Step 2：
- 練習腹式呼吸法。

- 由最小的恐懼開始，可嘗試在一個較大的空間打開門，再慢慢掩門，當感到恐懼時深呼吸放鬆，直至可以把門全掩。

- 幻想每一間房都不是完全封閉的，每一間房都有一個小洞，小洞可以給你新鮮的空氣，你和外界是有接觸的，你身處的空間並沒有完全封閉。

Step 3：
- 當感到恐懼時用腹式呼吸法，先輕輕合上雙眼，盡量用意識調整呼吸，放慢放輕，然後深呼吸。

- 亦可選擇數脈搏法，用一隻手的食指和中指輕按在另一隻手腕的脈搏，由 1 數到 100，讓自己專注。

擠迫恐懼症
Demophobia

香港是世界人口密度最高的城市之一，平均每平方公里超過 6600 人，市區長期人頭湧湧。即使是在平日，繁忙的街道仍是人來人往，摩肩接踵。縱然在開放的空間，擠迫仍有潛在的危機，就如 1992 年大除夕晚上，蘭桂坊人群踩踏事故震驚全世界，所以每當我準備出席人多的大型慶祝活動時，媽媽也會特別叮囑我注意安全。人迫人的情況看似日常，然而對於在開放空間有擠迫恐懼的人來說，絕不容易面對。

在一個風和日麗的早上，我看着窗外白雲微微飄動，嗅着桌面上薄荷茶溢出的陣陣清涼氣味，等待當日一個新個案 —— 某位曾跟我在同一學術機構工作但不同部門的同事和他的女兒。Professor P 是一位由英國來港定居多年的教授，他和中國籍太太育有一個 15 歲女兒，因女兒患上恐懼症而求助。在第一節了解個人成長背景、表徵問題和治療期望之後，我們約見了第二節會面時間。

女兒 Katherine 是中英混血兒，在國際學校就讀。她性格內斂，話也不多；她不太記得過往有關空間恐懼的負面經驗。但第一次發現有空間恐懼時，她正在欣賞演唱會，忽然一股恐懼湧上心頭，毫無預兆，卻令她驚慌不已，在回家的途中一直感到強烈不安。往後，每當在人多的空間，如港鐵的繁忙時段、滿座的餐館、人多的街道等，也會引發她的恐懼，需要即時離開；也因如此，她已完全避開有機會引發恐懼和人多的地方。

「我也不知道為何會這樣子。」Katherine 說。

「恐懼對於你來說，像甚麼？」在治療初期，我先問及一些較直接與恐懼有關的聯繫，以了解個案在意識上對自己恐懼的認知。

「好似 Van 仔裏面的 Speed Check（速度計），過了某個位就會提醒你過了限度。」Katherine 是個有創意的少女，她思考着說。

「你形容得好好，可不可以分享多些少……」我鼓勵她再多說點。

Katherine 思考了一下，「……是一個可以接受未知甚麼會發生的……程度……恐懼的程度，過了就會好辛苦，好像會窒息似的。在很多人的地方我好像控制不了，好驚我會暈倒，沒有人送

我到醫院，或者會好多人見到我倒在地上。」

「在現實生活裏，有沒有其他情景、時間，你都會有同樣的感覺？感覺控制不了，無人幫到你？」

「可能……最控制不了的就是要返回英國生活……」Katherine 有點失落地說。她的爸爸是英國人，但她在香港出生，3 歲之前在英國生活，由適學年齡開始就回來，一直留在香港。Katherine 形容爸爸很忙，也比較少和她交流，平日媽媽是主要照顧者，在家也多用國語溝通。

「之前你說過，其實一直都在香港讀書，整個小學和初中第一年都在主流學校上課，用廣東話，到中學 2 年級前才轉讀國際學校。今次要返英國生活對於你來說，絕對是一個大挑戰喔。」我嘗試體會眼前這個 15 歲少女的心情。

「我都不知道……以前因為我外表……好多人以為我只說英文，其實我英文算不上很好，開始升中學時適應不到，轉去讀國際學校都再適應了一段時間。我之前放暑假去過兩次英國，但真的不知道在當地讀書會怎樣……」Katherine 開始讓自己表達一些對未來的焦慮。

做心理治療有一項要點，就是必須常常提醒自己「凡事不只看表面」。表面上，Katherine 是中英混血兒，爸爸是大學教授，我們通常會認為這些家庭背景的孩子會有較好的學習和良好的英語；恰巧她並不是。除了外表，Katherine 就如香港土生土長的小孩一樣，在一般學校用中文上課，學習成績不過不失，沒有特別出色的興趣，說白一點，就是一個平凡的少女。可是這些年來，身邊不少同學和老師都會有些假設和預期，以為她只會用英文溝通，以為她喜歡聽英文歌等，這些假設和預期讓她在潛意識中，認定自己從不能完全融入和屬於她身處的環境。加上她的性格比較內斂，不勇於表達自己的想法，導致當有過多生活的挑戰時，便會十分敏感和恐懼。當她確定舉家將回到爸爸的故鄉英國定居時，立即聯想到改變和適應的問題，而這一種恐懼感對於她來說，就如「Van 仔 Speed Check 過了某個限度」，是無法控制的。因此這一種恐懼投射了在一些開放而人多

的空間，如人潮如鯽的街道和水洩不通的港鐵。在一系列的認知和心理輔導後，Katherine 可以逐漸回到平常的生活和交際，並增加了正向心理思維，為新的生活作好心理準備。

甚麼是擠迫恐懼症？

顧名思義，擠迫恐懼症是對空間中的擠迫和人多有恐懼。患者在不感到擠迫的空間並不會受影響，然而每當人多擠擁時，患者便會恐懼起來，立即出現焦慮、緊張和不合理的恐慌情緒，有時更會抖顫和感覺虛幻，擔心有甚麼事自己會不能離開；且不論是在室內還是室外，只要人多的地方症狀就會出現。

擠迫恐懼症的自療

Step 1： • 先識別自己在甚麼空間和環境下會誘發恐懼，按恐懼的不同分等級。

• 設計並利用漸進式脫敏法。

Step 2： • 實行脫敏計劃。

• 先練習呼吸及肌肉放鬆法。

• 把握放鬆的重點後，再到一些比較少刺激的地方，觀察自己情緒的變化，若有恐懼感，不要逃避，用腹式呼吸使自己平靜下來。

• 在早期的自療可以找可靠而知道你的情況的家人或朋友支持陪伴，告知你的脫敏計劃，以增加信心。

Step 3： ● 若可完成較少刺激的練習，便加深難度去到較容易有恐懼的地方，在恐懼出現時用數脈搏法加上腹式呼吸去平靜自己。

● 可嘗試在沒有人陪伴下，獨自面對恐懼的空間。

畏高症

Acrophobia

為生物進化的基礎，人類大腦會自動對具有危險或生命威脅的環境產生恐懼，以保護我們的安全，例如說對高地的恐懼感是因為大腦會提醒我們當心有墜下的危險。在上世紀 60 年代，美國心理學家 Eleanor J. Gibson 和 R. D. Walk 為了研究嬰孩對深度的知覺發展，設計了一種名為視崖（Visual Cliff）的精巧實驗裝置。實驗發現出生 6 個月左右的嬰兒會拒絕向「懸崖」爬去，即使另一頭有他的母親在招喚。

「我最怕是搭很長的扶手電梯，例如旺角朗豪坊那條長梯，我不會搭⋯⋯還有過山車、纜車、山頂看風景那些都不可能，我寧願不去或者用其他方法，例如排隊等其他電梯，都不會挑戰。」Elaine 是一位大學生，在與我會面時主要想處理人際關係和溝通的問題，但當中某些部分受畏高問題困擾。

「畏高是由何時開始困擾你？有不受這個問題困擾的時候嗎？」我問。

「我都不知道，好像是慢慢就越來越驚，有時見到別人可以去玩機動遊戲，好似好享受好好玩，但是⋯⋯我就完全不可以玩，好像會 miss out 一些開心事，我都不想好像甚麼也沒有做過就老了。」Elaine 一臉稚氣，看上去像高中生多於大學生，她說自己在中學時曾經被杯葛，所以在認識新朋友時，都不會展露自己負面的想法和情緒，寧願在社交網絡上以文字抒發，有時不免感到不被了解。

「我覺得無人會接受一個負面的朋友，而我經常都會不開心，所以我不會和別人講。」Elaine 說。

「你自己呢？你接受自己不開心嗎？」許多個案並非因為別人的意見而不快樂或產生困擾，真正的源頭在自己，是自己不容許自己負面。

「我不想好像以前般失敗；我覺得自己好麻煩，好容易會傷春悲秋，但又不想朋友覺得我好煩。我都不知怎樣才可溝通得舒服一些。」Elaine 開始表達真實的情緒。

「很好，非常感激你跟我分享，我們在希望得到別人認同和了解的同時，亦需要自己的認同和了解……」

Elaine 對高處的恐懼和她的自我形象及人際溝通焦慮有關。表面上，她因為畏高而不能參與某些的活動，是一種損失；但在她的潛意識中，畏高成為她特別的地方，和朋友在一起時，大家都會因她畏高而盡量遷就她，這令她感到自己被重視，彌補了她不能把自己心中的情緒直接表達的壓抑感，成為她的附帶收穫（Secondary Gain）。重整了自信和自我形象管理後，Elaine 建立了對自己和人際相處的新認知，明白和別人相處需要接納和溝通，非掩飾和壓抑，畏高的問題也慢慢克服了。

Secondary Gain（附帶收穫、繼發性獲益）

作為個案、病人或受困擾的人，當然會有不同程度上的不適，但在某些情況下，因為這些困擾和不適，個案可獲得一些人際和社會的好處，例如別人的注意力、關懷愛護和不同方式的援助等。Secondary Gain 有可能成為個案回復正常生活的阻力，故在心理治療中亦要注意留神。

甚麼是畏高症？

畏高症或懼高症的患者身處在一定程度以上的高度便會恐懼發作，呼吸加速陷入恐慌。畏高患者所害怕的情景通常包括從高樓向下望、站在桌椅或梯子上、步行或駕車過橋、登山、乘透明的升降機、乘很長的自動扶手電梯等。不是所有患者在任何情景都會畏高，但大部分患者有不只一項令其恐懼的場景。一個外國調查顯示，高達 91% 的都市人曾出現畏高症狀，有大約 10% 屬臨床性畏高。縱然畏高是相對合理的恐懼，但在安全的高度或地方極度驚慌或產生眩暈感，不能自立的話，對日常生活的確造成諸多不便，而嚴重恐懼者更會因逃避對高的恐懼反應，放棄了很多選擇。

畏高症的自療

Step 1：
- 先識別在甚麼環境和高度下會誘發恐懼，為不同恐懼分等級，如靠近欄杆、遠足登山、站在椅子上或在高樓邊向下望。

- 識別恐懼行為的迴避模式，告訴自己哪一些恐懼是不合理的，糾正一些對高的不合理恐懼，如走過高樓的欄杆邊並不危險。

Step 2：
- 設計並利用漸進式脫敏法。

- 先在家練習呼吸及使用肌肉放鬆法。

Step 3：
- 在把握放鬆的重點後，到一些比較少刺激的地方，觀察自己情緒的變化；若有恐懼感，不要逃避，用腹式呼吸使自己平靜下來。

- 在早期的自療，可以找可靠而知道你的情況的家人或朋友支持，以增加信心。

- 若可完成較少刺激的練習，便加深難度去到較容易有恐懼的地方，在恐懼出現時用數脈搏法，加上腹式呼吸去平靜自己。

輕 生 活

每天練習好好生活，為心靈減減壓！

Monday

種一株小植物

Tuesday

繪畫

Wednesday

演奏樂器

減 壓 日 誌

Thursday

在和暖陽光下，
安靜地獨坐一會兒

Friday

靜心欣賞美麗的花或植物

Saturday

做義工，探訪有需要的人

Sunday

和家人去一家不常去的餐館，
細心品嘗美食

無形無狀的恐懼

最讓人恐懼的，
不是看得到的事物和環境，
而是無邊無際的幻想，
「看不到的鬼，最可怕」。

由一些我們日常看到的刺激而引發的恐懼都是有形有相的，
然而某些人的恐懼，
既是無法用肉眼可見，卻又十分真實。

本章將討論一些幻想中的恐懼，當中包括：

音樂恐懼（Melophobia）
鬼、神、宗教的恐懼（Phasmophobia, Hierophobia）
愛滋病恐懼症（HIV/AIDS Phobia）
身體畸形恐懼症（Body Dysmorphic Disorder, BDD）
死亡和疾病恐懼症（Emetophobia）

音樂恐懼
Melophobia

自古以來，音樂表達、寄託和記錄了人的情感、想法和情緒。聆聽美妙的音樂可陶冶性情，也可掀動欣賞者的情緒，甚至影響大腦運作。美國佛蒙特州大學（University of Vermont）Professor James Hudziak 的研究指出，不論是演奏音樂或學習樂器，都有影響大腦中皮質厚度的功效，因而間接幫助孩子的記憶力、注意力、自我控制力的成長。近年，音樂治療更是新興的一種藝術療法，音樂與心理治療配合，相得益彰。然而，世事無絕對，某些人聽到音樂，不但沒有愉悅感，更會產生恐懼。

在某一個週五，完成最後一個個案的療程已經是晚上 9 時多，我抖擻一下，沒有即時離開治療室，卻打開 Astor Pantaleon Piazzolla 的 *Tangata Del alba* 閉目聆聽。每個個案都有自己的故事，像一個個小劇本，大概因為我是電影系出身的編劇，在聆聽個案故事時，很自然會在腦內組織成完整的片段，像電影一樣。而大部分時間，在組織個案的故事時，都會在腦內加上合適的配樂。剛才最後的個案，她的配樂是 *Tangata Del alba*。Cassandra 是一位外表時尚，20 出頭的美少女，現職模特兒，同時打理一間小型時裝店。

「請你分享一下今日前來求助的原因。」這是第一次面談的對話。

「我發現這個問題已經有幾個月了，現在我都盡量避開有音樂的地方，或者聽到有 background music 會立即走，即是……逛商場時如果有音樂，我就會非常恐懼，會立即走。不過上兩個星期，我在一個商場做電話推廣的工作，活動進行時人流很多，也沒甚麼異樣情況。但後來當那位 MC 講解完後，人流開始少，我就好明顯聽到商場有音樂，好像越來越大聲，越清楚我就越辛苦……好像孫悟空的緊箍咒……我頭好暈，好像再不離開我就會暈倒。我把這件事告訴男朋友，他說不會有人這麼『騎呢』，會驚音樂聲。我真的很不開心，我都不知自己為何會這樣。他說我講得太誇張，好虛假。所以我來是想知道恐懼的源頭，然後怎樣才可以不恐懼。」Cassandra 的不快和委屈感，相信很多恐懼症個案都會出現。在我們專心做其他事時，恐懼的影響會相對地

少，正如正在照顧小孩的媽媽能克服恐懼老鼠的限制。但當我們會意到自己所恐懼的刺激物在四周時，便會坐立不安，症狀繼而出現。

若告知身邊朋友有恐懼症，大部分個案得到的回覆就是：「不去想就不會怕！」及「不知有甚麼好怕！」。的確，此邏輯在沒有恐懼症的人身上是十分合理的。然而，在恐懼症患者身上，我們看到的是情緒做主導，而非理性。因此他們接觸到刺激物時，便會不理性地恐懼起來，即使其時旁人在說任何道理，也不能即時改變狀態。

「聽你這樣說，其實這種情況的確令你很困擾，因為我們不時會經過有背景音樂的商場食肆……」我的內心充滿好奇，畢竟商場背景音樂對我來說，是日常生活的一部分，說實話平日根本不會為意。

「如果是一些地方比較小的餐廳，我會嘗試問一問他們能否關掉那些音樂，有點驚訝原來大多數餐廳都可以的。如果他們拒絕，我就會離開。」Cassandra 一面說。

「明白。剛才你有提及這個問題其實是幾個月前的事，可否講一講那個時候是怎樣開始的？」我問。

「大概半年前，那個時候我跟之前那個男朋友一起住，但他對我很差，會動手動腳，爭執時更會發狂，又會推我又會把物件亂丟，發好大脾氣……那時……大概有四、五個月我們整天吵架，很不開心；他完全禁止我和其他男仔聯絡，我又不常和朋友外出，所以好壓抑。我爸爸媽媽小時候已經離開了，由阿姨照顧我。當時我想和他分手，所以找阿姨傾訴。」Cassandra 在憶述的時候，語氣頗為平靜，這讓我有點訝異。

眼前這個外表時尚、打扮標緻的少女，有一個不太快樂的童年，在小學時已失去雙親，成長中欠缺長輩愛護，身為監護人的阿姨有盡本分照顧及供養，但也算不上十分關懷。因為渴望被愛，很早開始談戀愛，可是接二連三的交往也不太快樂。在勉強完成中

學後，17 歲的她開始當上私影模特兒，後來渴望好看一點而進行過幾次微整形的小手術。外表可修整，但 Cassandra 的內心仍是充滿傷痕。

「然後呢？」我繼續。

「那時阿姨說他的兒子準備和女朋友結婚，婚後會搬入去一起住，所以準備裝修……」

「那就是說你不可以搬回去……」我代她說。

「是的，不過幸好有個朋友可以收留我，之後便認識了現在的新男朋友，就搬出來一起住。就是由搬出來開始，開始怕音樂……如果聽歌，即是有人唱的那些是可以的，但是聽到沒人聲的音樂就會好緊張、好驚，如果不即時離開會全身抖震，更會哭起來。」Cassandra 說。

看似 Cassandra 的音樂恐懼是從搬進新男朋友家開始，於是我問：「聽你這樣說，其實你和現在這個男朋友一齊就開始有這個恐懼，你和他相處時，關係及溝通是怎樣的？」

「這個男朋友大我 3 年，其實他好疼錫我，我們沒甚麼特別不愉快。」Cassandra 想了想，仍然沒甚頭緒。她想不通，自己現在的生活相比起大半年前是快樂和穩定了，為何會出現這種奇怪的恐懼。

「在意識的層面，我們看不出甚麼明顯的原因誘發這種恐懼，不如在潛意識的世界看看？」我提議。

「好，做催眠可以快點知道原因和解除恐懼嗎？」Cassandra 對於我的提議顯得非常感興趣。

在介紹了催眠治療的功用、方式和糾正了 Cassandra 對催眠的一些迷思後，我們利用催眠回溯，去到 Cassandra 恐懼音樂的源頭。Cassandra 在小時候不但不怕音樂，還對音樂很感興趣；小學時學了 4 年鋼琴，在她的父母離世後停止。在催眠中，她想起自己其實很喜歡音樂，但因為要

「生性」，在跟阿姨生活後沒有要求繼續學琴。對音樂的喜愛，在小時候被壓抑了，可在潛意識中沒有被忘記。當她感情不如意，被阿姨拒絕搬回同住時，Cassandra 的自尊感十分低，她感到自己很無助。在一次和前男朋友在商場吃飯時，他們又吵起來，其時的男朋友大發脾氣丟下她一個在哭，當時除了哭聲就是聽到音樂聲。在 Cassandra 心中，音樂聲提醒她曾經有幸福快樂的童年，但同時令她回想起恐懼的情況。除了在催眠中釋放 Cassandra 被壓抑的負面情緒，我們也做了不少認知和行為的練習，去建立對自我的信心。

甚麼是音樂恐懼症？

音樂恐懼的患者可以有不同的形態，有些會偏向恐懼古典音樂、恐懼純音樂，或恐懼全部音樂，每每聽到音樂時，便會全身陷入緊張、引發恐慌、不能自控，並會逃避有音樂的環境。

音樂恐懼的自療

Step 1：
- 先識別自己聽到甚麼音樂會誘發恐懼，只有某種類別，還是所有？再按恐懼的不同分等級。

- 識別恐懼行為的迴避模式。

Step 2：
- 糾正一些對音樂的不合理恐懼。

- 設計並利用漸進式脫敏法。

- 嘗試從可以接受的音樂類型和較小聲量開始脫敏，在恐懼感出現時不逃避。

Step 3 : ● 先在家練習呼吸及肌肉放鬆法，內觀留意自己哪一個肌群處
於緊繃或僵硬狀態，嘗試放鬆肌肉。

● 在把握放鬆的重點後，到一些比較少刺激的地方，觀察自己
情緒的變化，若有恐懼感，不要逃避，用腹式呼吸或數脈搏
法使自己平靜下來。

● 在早期的自療可以找可靠而知道你的情況的家人或朋友支
持，以增加信心。

● 若可完成較少刺激的練習，便加深難度去到較容易有恐懼的
地方，在恐懼出現時用數脈搏法加上腹式呼吸去平靜自己。

鬼、神、宗教的恐懼

Phasmophobia, Hierophobia

看 蒲松齡的《聊齋志異》，鬼、狐、仙、妖的故事引人入勝，但在現實
生活中，相信大部分人對這些靈界事物皆避之則吉。常言道鬼神之
說皆是信則有，不信則無，不同的文化、宗教、價值觀和處世哲學都可能
有諸多不一樣。鬼、神、宗教都涉及一些人的信念，而即使沒有信仰，也
不免在成長過程中受文化、神話或民間傳說影響而產生某些認知。

不論是哪一類型個案，會談中我不時會問及他們的宗教信仰，以
理解其想法或看待事物的方式，然而我發現，不少個案的信念所
滲入的宗教想法和教義，跟我所認知的有時不太一致。Susana
就是我所見過的其中一個。在會面之前，打來預約的是 Susana
的妹妹，她焦急地約了時間。

一個週末的早上，在上一個個案剛離開 1 分鐘，不多不少，治療
室的門鈴再響起。門還未開到一半，「我們約了 11 時 15 分的。」
「請進。」隨後兩位年約 30 的女士進來。

「我之前打電話預約⋯⋯ 其實是我姐姐要見你⋯⋯」這位陳小姐
望一望和她一起前來的姐姐，個案 Susana。「我姐姐有焦慮的問
題，常常好緊張，現在身體有些不舒服，又不肯入院做檢查；不
論我們怎樣勸，她都不肯去。」她說。

我向陳小姐微微點一點頭，再把目光轉向 Susana，給一個微笑
後說：「不如當事人分享一下感受和看法？」

「我不可以去睇醫生！因為我知道天一定會懲罰我，我一定會
生 Cancer⋯⋯ 我不想死！」Susana 面容扭曲，狀甚痛苦，作求
救狀。

「我看到你的表情有點緊張，不如我們慢慢來，你看着我隻手，
當我隻手向上時請你吸氣⋯⋯ 好的，慢慢來，手向下時慢慢呼
氣⋯⋯ 好好，慢慢。」個案在開始說話的時候，身體已經很繃
緊，所以我先調整她的呼吸，使她更容易冷靜下來整理要說的
話。「好，剛剛你提及到不可以看醫生，及天會懲罰你，可否多
分享一些，意思是？」我問。

「大概在 10 幾年前，那時我和妹妹感情好好，但見到爸媽真的非常偏心，在他們說要讓妹妹到外國讀書時，我便非常不開心，妒忌心重，當時便望着天空許願，說好想妹妹快些死，她死了自己便不會再不開心⋯⋯ 其實當年我過了幾天已經好後悔，後來她去了外國幾年都無事，我以為就無事，但由上年開始我經常無故生病，我想起一定是『時辰到了』，天要我『還』⋯⋯」Susana 又再激動起來。

「『時辰到了』意思是？」聽到她的解釋，我基本上明白了一點，可是仍有許多細節需要去了解。

「我信佛的，佛教有輪迴，有因果報應，我發了那個如此歹毒的願，一定是時候要報應在我身上。」Susana 面容再次扭曲，肢體語言表達出她內心極浮躁不定，腳也不由自主地踢了我的枱邊多次。

雖然不清楚 Susana 對佛教確實的認識程度，但單憑她執着於因果報應這一點，我認為她是在懲罰自己，這些年她一直對自己年少時的「願望」耿耿於懷，並認為會有果報，即使她已得到妹妹原諒，甚至妹妹曾說這是一件小事，但 Susana 仍非常焦慮。

「你所講的報在你身上是指⋯⋯？」我想了解多一點。

「我要生 Cancer，要受疾病折磨⋯⋯」Susan 斷言。

在 Susana 剛完成這句話時，坐在一旁的妹妹陳小姐按捺不住。她說：「我們看過普通科醫生，醫生說她完全無事，醫生說她太焦慮，還說如果不放心就入院詳細檢查，但她一聽到醫生這樣說，就立即拒絕，話不可以去醫院，話自己一定會有報應，會受疾病折磨。」陳小姐非常無奈，面對這個狀況無計可施。

「看醫生是在甚麼時候的事？」我問。

「大約 3 個月前⋯⋯ 現在她十分容易緊張，有時她說胃痛就會懷疑自己有大病，但又不肯食藥和看醫生⋯⋯」陳小姐說。

「如果醫生詳細看可能就會說我有絕症，我真的不想死，不想接受報應，我真的好害怕⋯⋯我不去醫院⋯⋯」Susana 嚎哭了起來。

「容許自己把這一刻的恐懼表現出來，我會陪住你⋯⋯」以當時的狀態來說，Susana 不太適合進一步回答個人背景資料等問題，我便讓她先發洩當時恐懼情緒。在片刻間，Susana 稍為平靜，她問：「我看完你會怎樣？是否一、兩節你可以醫好我？我經濟不好，現在沒有上班⋯⋯」Susana 說。

「你現在就不要擔心那麼多，好好地試一下聽別人說。」陳小姐插上一嘴，看來她已嘗試了很多不同的方法，也找過不少人勸喻 Susana，卻沒有任何成效。

「其實心理治療是一個過程，容許你去抒發情緒之餘，會一起尋找你的內在資源去解決困擾，轉化一些負面情緒，每個人的成長、認知、困擾都不一樣，所以需要的療程和時間也會不一樣。」我嘗試讓 Susana 了解心理治療的概念，怎料她面色一沉。

「你的意思是不可能很快就解決我的恐懼，這樣子我們不要再浪費金錢了⋯⋯」Susana 看一看手錶，「我們今天差不多了。」

Susana 向著她妹妹：「我們走吧，不然過了鐘要多收一節，我們沒有多餘錢浪費！」Susana 又再焦急起來。

「其實如果是出於經濟考量的話，香港也有很多機構團體有比較相宜的輔導服務⋯⋯」我還未說完，陳小姐已說，「那些不行的，處理不了，只管聽她說治療不了⋯⋯」

此時 Susana 已站了起來，陳小姐匆匆付款，無奈地看著我，說了一聲謝謝便離開。最終，他們也沒有正式成為治療的個案。

在私人執業的生涯，不是每個個案都可以有機會看到他們改變、轉化或堅強起來，很多時因為經濟、時間、決心等因素，會中斷治療。Susana 這個個案是其中之一。

甚麼是鬼、神、宗教的恐懼：

鬼、神、宗教的恐懼可以有多種不同的形式，外國的文化有巫婆恐懼（Wiccaphobia）和喪屍恐懼（Kinemortophobia），患者不一定見過巫婆或喪屍，甚至連他們都不相信是真實存在的，但卻無法阻止自己過分地恐懼，對有關的討論、影視作品或產品，即使是玩具，也會引發他們恐懼。值得注意的是，有某些關於鬼、神和宗教的恐懼除了是心理問題，很大機會與精神分裂症有關。

鬼、神、宗教的恐懼自療

Step 1：
- 先識別自己在甚麼情況或環境下會誘發恐懼，了解和接納自己在認知上的錯誤或偏差，了解自己真正在怕甚麼。

- 為自己制訂並實行脫敏計劃。

Step 2：
- 在早期的自療，可以找可靠而知道你情況的家人或朋友支持，告知你的脫敏計劃，以增加信心。

- 幻想自己可以克服恐懼，不要逃避刺激物或場景。

- 當感到恐懼時使用腹式呼吸法，先輕輕合上雙眼，盡量用意識調整呼吸，放慢放輕，利用腹式呼吸法深呼吸，或數脈搏法自己平靜下來。

Step 3：
- 若有宗教背景，可與有專業知識的相關人士談論你的想法，從不同的角度再思考你的困擾。

- 可能的話，參與多些運動或專注在自己有興趣的事上，把精神和自信投放在自己做得到並正面的事。

愛滋病恐懼症

AIDS/ HIV Phobia

年少時，在一些 80 年代的電影或生活中，都不難聽到某些狠毒的咒罵，其中一句就是「生愛滋啦你」，意在咒罵對方患上絕症，不得好死。縱然，現今的科學仍未能全面徹底根治，但已有效大幅將發病時間延遲及減低患病者的死亡率。雖說愛滋病已不如以往般無任何治療方案，也不如以往那般絕望恐怖，還有更多的證明指出其病毒並不會透過口水、空氣或共同飲用飲品等傳播，依然有些人會產生非理性的恐懼。

阿明，20 歲，男性，求助的原因是不能和人作良好的溝通，在職場上常因無法接受上司的批評，和感覺工作不適合自己而離職。

「我想改善與人溝通。」阿明在第一節會面時說。

「阿明，你可否分享多一些，例如說你覺得自己溝通的情況是怎樣的，是甚麼原因令你覺得要在這個時候求助，及需要改善呢？」每個個案都有自己的原因去求助，然而「為甚麼在這時來」是非常重要的問題，揭示了個案當下的動機。

「每次上班都和同事相處不來，很快就不想上班，經常轉工……」阿明無奈地說。近年，社交媒體流行很多「潮語」，用來形容一些社交能力欠佳的人士：毒、摺；阿明也是這樣形容自己。

「我覺得自己與人溝通時，好像經常都很奇怪……」阿明續說。

「奇怪的意思是？」

「像怕甚麼似的……在公司有同事向我示好，請我食飯，我又會想其實是不是有甚麼目的；但如果同事不和我說話，我又會怕他們在背後說我壞話，覺得我很奇怪。所以有時我都不太清楚自己的意思……不過我覺得這樣不好，我會自己想同事、上司不喜歡我，會暗地裏想戲弄我，然後我會想辭職。」阿明的問題是一個惡性循環。

✦ 溝通的惡性循環 ✦

感到自己與人溝通
有困難

在溝通時有很多
負面預期

把這些負面預期
當作是事實，
以行動回應這些想法

「阿明，剛才你提到怕人戲弄、不喜歡你，聽出這個問題也是十分困擾你的，由甚麼時候開始你覺得其他人好像不喜歡你？」我嘗試了解個案的想法，或扭曲的想法的源頭。

「從小⋯⋯爸爸在大陸開廠，有很多時間在廠，經常回不了家；我媽媽還在鄉下，未有身份證來香港，我是嫲嫲帶大的。我記得從小就經常被人話好『驚青』；到了差不多 16 歲時，我就開始怕有愛滋病。」阿明說。

「從小比較細膽，到 16 歲開始有愛滋病的恐懼⋯⋯」當下有點不明所以，難道阿明有不良嗜好？或喜歡和不同人進行沒有安全措施的性行為？我決定問一問。

「基本上，愛滋病的染病途徑，主要是性接觸和血液傳播，有甚麼原因令你在 16 歲的時候會驚有愛滋病呢？我可否了解多一些？」阿明有點迷惑，但沒有表現心虛或其他怪異的表情。

「我都不知道，會思疑雙手有損傷即是會染愛滋，去洗牙都怕有愛滋，總之好小事我都會聯想到。」阿明說。

阿明並沒有讓我很明白，我便再單刀直入地問：「你有無習慣危險、無保護措施的性行為或者有共用針筒的習慣，又或者曾經試過？」

阿明尷尬地搖了搖頭。

「你的意思是完全沒有試過？」我再澄清一下他的答案。

「……無拍過拖，都無吸毒……」阿明用掌心擦向大腿，顯得有點不知所措。「……其實我都有上網查過，我非常明白不會這麼容易有愛滋，但當我看新聞上有傻人會用愛滋針四處插人，又有些會落在飲料，我真的好怕，怕會感染到。」阿明的恐懼明顯是較真實有機會發生的危機嚴重，是典型的恐懼與事實不符。

「阿明，我明白了，是你在幻想中常有這樣恐懼，但現實上你沒有做那些高危的事，是嗎？」我澄清。

「是，是這樣。」阿明的回答很堅定。

「你嘗試合上雙眼，你感覺一下，你覺得恐懼愛滋的感覺是怎樣的？」我帶領阿明去了解這種恐懼的本質。

「好似好無辜都會有病……不是自己錯都會有……好無奈，等死一樣……」閉上眼的阿明皺了皺眉心說。

「非常好，你再感受一下，回憶一下，你甚麼時候曾經有一種好無辜、感到不是自己錯都無奈等死的感覺？」

「嗯，我覺得……好像上班面對上司和同事……都不知何時會揹黑鑊，其他人不知怎的又會挖苦你一下，每次都好像等被解僱。」阿明很快就聯結起來。

「好，還有呢？」

「應該是恐懼吧，小時候爸爸回家就會很兇惡，就是在 16 歲那年，爸爸搬回家一起住，我又開始工作，但他又會說我做甚麼也不對、真沒用，我就是恐懼他。」阿明慢慢張開雙眼。

　　有趣地，這個看似與表徵問題（人際相處和工作）完全無關的愛滋恐懼，原來是這樣連繫的。阿明 16 歲開始工作，接觸社會時發現自己有很多不懂的地方，可是他「面皮薄」，不敢積極求教，並漸漸對自己建立了許多負面的預期。阿明在工作上「不知害怕甚麼」，是源於自身的性格和成長背景中自信的建立不足，剛巧爸爸也會用比較嚴厲的方法對他，令他感到更大的壓力。這種無以名狀的恐懼感轉移在愛滋病的恐懼上，明知是不容易在健康正常的生活傳染，但又會不理性並有意識地警剔和擔心。

甚麼是愛滋病恐懼？

　　後天免疫力缺乏症（Acquired Immune Deficiency Syndrome, AIDS），也就是廣泛被稱為愛滋病的疾病，自 1981 年首宗證實個案至今已奪取超過 3000 萬人的性命，是史上最具破壞力的流行病之一。在上世紀八十年代至九十年代初，醫學界對這種疾病的治療掌握不多，染病基本上就等於是染上絕症，只有受身心苦痛至死。這個病的治療，直到 1995 年科學家何大一博士發明了雞尾酒療法後終於出現了轉機。愛滋病恐懼症患者對一切有關愛滋病的資訊都十分敏感，會不時擔心自己會意外地感染，即使他們並不是高危的族群或沒有進行過不當的行為。患者會因小事而懷疑自己染病，更因而極度擔心，或極力避免與人接觸。

愛滋病恐懼的自療

Step 1 :
- 建立正面的認知，列出要避免的高危活動，如不安全性行為和共用針筒；另外列出屬於不合理的恐懼和不需要避免的日常活動。

Step 2 :
- 了解愛滋病病因和治療，糾正自己認知上的錯誤或偏差。

- 正面面對這種恐懼，觀察自己最不安和恐懼的時刻，試回想自己的恐懼與現實生活中甚麼壓力與問題有關聯，是怕有愛滋病的身心痛苦？怕被人孤立？怕死？還是有生活上其他的恐懼投射在這種恐懼身上？

- 練習腹式呼吸，控制自己在遇上恐懼反應時可自我放鬆。

Step 3 :
- 建立健康生活，平日多做運動，身心放鬆活動，以減少對愛滋病恐懼和焦慮的聚焦。

- 若不能自控地被這個愛滋病恐懼困擾，應諮詢醫生或心理學家。

身體畸形恐懼症

Body Dysmorphic Disorder, BDD

打開一般消閒雜誌或瀏覽網上資訊，不乏美容廣告和博客分享美容用品用後感、服務、新微整形技術等，林林總總，花多眼亂。2003 年沙士（SARS）爆發，全港經濟蕭條，美容行業盈利竟不跌反升。近年，不同種類的美容，甚至是微整形企業門庭若市，當「沒有醜女人，只有懶女人」的概念在社會大行其道，我們都難以避免地受單一的審美觀所影響。

在較早期的事業生涯裏，我曾經有一段時間在一所連鎖醫學美容中心任職市場公關。當時推廣醫學美容，也親身接觸過不少沉迷整形的個案，其中一個令我印象很深。

「現在感覺舒服嗎？」我在整形診所接待一位剛做完抽脂的客人。原本這項不算是我的工作，但剛巧那天處理整形個案的經理請了病假，我便需要幫忙「照顧」Katie，這位 19 歲、剛做完膝蓋抽脂的個案。

是的，你沒有看錯，的確是在大腿與小腿連接的膝蓋做抽脂。

在 Katie 坐在一旁休息時，我忍不住偷偷打量了她。外表看來她青春可人，清麗脫俗，身形高佻偏瘦，怎樣看也是很吸睛的少女。以往總以為只有身形肥胖的人才會選擇抽脂，但在接觸這工作後，才明瞭真正有需要的，不一定會考慮；反而一些沒有需要的，會非常熱衷做微調、動刀，而明顯地，Katie 是那種我認為不需要的人。其時還未有接觸輔導，但本着「非常八卦」的心態，也「關心」當時的 Katie，我問：「其實你都幾特別，選擇在膝頭做這個手術……」我瞄一瞄 Katie。

本以為她會抗拒詳談，怎料到她十分直接：「我影相見到有多餘的肉，越望越核突，感覺不舒服，就打算抽去它。」淡然直接，一點不忸怩。

我很驚訝，這是第一次覺得，有些人會誇張地看到身體上的部分，感到不滿就立即要做一項手術去除掉。

「喔，你身邊有人知你做抽脂嗎，這幾天回家有人照顧你嗎？」我問。

「啊⋯⋯可以了，我知是怎樣的情況，之前手臂有做過⋯⋯」Katie 眼神有點閃爍。

「嗯，你屋企人不知⋯⋯？」一個抽脂手術價錢並不便宜，一個 19 歲的少女可以做兩次也令我再八卦起來。

「我好難說服他們，我真的覺得自己有些部分好核突，好不順眼，照鏡時會想如果整形後一定會好好多。」Katie 有點不悅，我也就不好意思再問下去了。

在那所醫學美容機構工作大部分時間都令我好奇，為何某些客人在客觀的眼光看來沒大問題的，卻大花金錢買美容計劃，微調及整形。直到讀了心理學，才正式知道這是一種病態，叫身體畸形恐懼症。

甚麼是身體畸形恐懼症？

身體畸形恐懼症，又被稱為醜陋幻想症，屬於一種精神疾病，患者會過度關注和挑剔自己的皮膚、身體或五官某部分，並對自身的缺陷進行主觀而誇張或奇特的臆想，會過分地重複看鏡子，也會不斷和別人比較而產生抑鬱、羞愧或焦慮等心理壓力。簡而言之，就是一般人認為沒有甚麼問題或奇怪的，患者都會覺得自己那部分非常醜陋。身體畸形恐懼症在美國大約有 2.4% 的人患上，女性中有約 2.5% 人患上，男性中有約 2.2%。患者對於身體的任何一部分均可產生不滿感和感到「不順眼」，但不是對整體的個人形象不滿。常見的如鼻子太寬太扁、眼睛太小、兩邊臉不對稱等。由於對那一部分病態地敏感，患者或會掩飾缺陷、接受整形手術、不在公開場合露面，嚴重的更會影響工作和交友。16 至 17 歲是患上此病的中位年齡，而青少年患有此症更會增加他們自殺的風險。

常在照鏡時覺得自己「樣衰」是醜陋恐懼嗎？

　　現代社會我們都已接受了自拍是日常社交的一部分，但自拍過度，覺得自己拍來拍去也不滿意，甚至因覺得自己太「樣衰」而不斷再拍，拍到好一點為止的，顯然是一種病態。英國《每日郵報》2016 年曾報道一名在 14 歲開始期患上身體畸形恐懼症的少女 Alanah Bagwell，她認為自己的外貌很醜陋，除每天花近 4 小時化妝外，還至少自拍 200 張，拍到滿意的角度才罷休。加州大學的精神科教授 Jamie Feusner 做了一項研究，指出身體畸形恐懼症患者看自己的照片時和一般正常人的思維不一樣，因為他們會把所有的注意力放在觀察臉部細節上，且比看別人的更精細，結果讓他們難以忍受。如果我們照鏡時常覺得自己「樣衰」，就要當心是把太多的注意力放在自己的缺點上。

身體畸形恐懼的自療

Step 1： • 建立正面的認知，讓自己分辨認知上的錯誤或偏差，學習看整體的自己，而非專注留意自己的缺點。

Step 2： • 留意自己在看鏡子時，當下的想法是甚麼，嘗試放鬆自己，並逐漸減少照鏡子的次數，再減少照鏡子的時間。

Step 3： • 可能的話，參與多些運動，把精神和自信投放在自己做得到且正面的事上。

* 　身體畸形恐懼症屬強迫症類精神疾病，如察覺到對自己身體某部分過度不安，或因感到自己那部分太醜陋而影響生活，請即時向心理學家或精神科醫生求助。

死亡和疾病恐懼症

Emetophobia

愛、死亡和時間串連起我們人生中的種種經歷，電影《最美麗的安排》（*Collateral Beauty*）中，男主角 Howard（Will Smith 飾）因女兒死亡，6 年來一蹶不振、與人隔絕、無法投入工作，痛心得與前妻分開，更寫信給愛、死亡和時間去控訴他們種種。公司拍檔看不下去，安排專業演員扮演這 3 個元素，去與 Howard 正面溝通。最終他走出心結，接受愛女離世的事實。沒有人喜歡疾病、衰老及死亡，但無人能倖免。縱然不同宗教都有闡述對死亡的看法，但這個還是讓很多人恐懼與迴避的議題。

天公造美，我在完成一整天企業培訓後，披星戴月地準時回到了治療室會見晚上來的個案。甫坐下，門鈴便響起來。Grace 是一位 40 出頭的媽媽，和一名 7 歲，被診斷為第一級別（需要支援的自閉症）兒子和丈夫同住。Grace 前來求助的原因是對疾病和死亡有過分的恐懼，以致她花了很多金錢和時間看醫生，卻甚麼都驗不出來。

「我以前沒有這個問題，不過其實我家族有遺傳病，我阿媽 50 多歲就去世，阿姨更早，未到 40 就死了，所以突然間我想……如果我都要死，那怎麼辦呢？」Grace 憂心忡忡地說。

「剛剛你說到家族有遺傳病，可否講一下是甚麼病？」我細心地觀看 Grace 的表情，她眨一眨眼，說：「那是……乳癌。」Grace 說完後嚥了一口口水。

「嗯，是甚麼原因你在這個時候，或者這段時期，會突然感到特別的恐懼？有無甚麼特別的事發生……」我把語速放慢，好讓 Grace 平靜下來慢慢說。

「我……差不多 3、4 個月前，兒子有位同學的媽媽因為交通意外好突然地離開了，我兒子和那個小朋友一起上學和補習，是很要好的朋友。同學就有由學校安排見社工輔導，我個仔就無見。但不知是否因為這樣，有次兒子畫畫，畫入面有血、死人，好恐怖，我問他他說是我！我於是好不安，我不知他是怕還是怎樣。還有，我一直都睡得不好，間中失眠。那一陣子就是經常失眠，又擔心兒子情緒，就開始發覺胸部下面的肋骨有陣陣痛楚。有時

會痛到窒息，好像快要暈倒，於是叫了救護車去醫院。這 3 個月
都被送去醫院兩次，又檢查心臟，又做全身檢查，甚麼都沒有發
現；但是我開始驚，如果真的有甚麼事，我兒子怎麼辦，我老公
又不懂教他……」Grace 一口氣說了很多擔憂，這些擔憂當中，
她最恐懼的是患上癌症和死亡，因為當她想起死亡，就會想起自
己在 20 多歲照顧患病母親時，看到她辛苦的樣子。

「我經常都擔心，我有事家裏怎樣辦？當年見到我媽真的十分辛
苦，又吞不到食物又痛。這種恐懼我不懂得形容！但就反覆細想
自己有甚麼情況會死，一些小事又怕有意外，又睡不到又集中不
到精神工作，我的家庭醫生說我可能是心理問題，對死太恐懼，
所以今天來看看有甚麼方法可以醫好這個問題。」像 Grace 這種
身心症患者，身體本無任何疾病，卻不時出現心悸、呼吸困難、
胸悶、疼痛等症狀，令他們感到十分不適。

「平日你生活是怎樣的？通常會做甚麼？」治療 Grace 的恐懼，
可以從了解其生活，改善不良的習慣、想法和行為開始。

「朝早開始上班，到 6 時放工回家煮飯，核對兒子的功課；大家
都知，有時小朋友會做錯功課，我就教他教到很夜，他睡了後我
再做一會兒家務，再追一會兒劇集，有時能入睡還好，失眠的時
候可能看劇集看到凌晨 3、4 時都睡不着。」Grace 說。

「放假呢？有沒有去玩？做運動呢？」我問。

「沒有時間玩吧……兒子好多學習班興趣班要參加，我大部分時
間都在等他，無時間去玩。」就如許多香港家長，Grace 希望好
好培育兒子，因為自閉症沒有其他智力或學習問題，故 Grace 希
望能多花一點精神，和他參與各種練習班，以追趕其他小孩。可
是這個方式，原來 Grace 的先生不太支持與欣賞，他認為小孩子
應該有多些玩樂，即使他不能在一般學校就讀。正因教育問題這
個隔閡，夫婦二人不時有小爭執，Grace 也因此感到壓力。

「所有媽媽都想小朋友好，你已經好盡力了。」聽到我的認同，
Grace 忍不住紅了眼框。

「有時都好矛盾,見到他做功課做到深夜,自己都心痛,但又有甚麼辦法?」Grace 的淚水滾滾而下。

「有很多時候,我們要照顧好自己身心,才可以給家人最好的照顧,一家人情緒是相互影響的,你的壓力囝囝會察覺得到,所以我們要先照顧好自己……」

緩解 Grace 的死亡恐懼,我先教她做肌肉放鬆練習,讓她掌握自己的呼吸節奏,在緊張、恐懼和心悸時可以讓自己平靜下來。然後再處理她的睡眠問題,睡眠時身心都可休息和修復耗損,而睡眠不足則會導致壓力和負面情緒不能緩解,使人容易思考緩慢,感到不適。配合心理輔導,給她機會抒發負面情緒,以治療其焦慮。最後,我給予她「靜觀」作為家課練習,每天晚上睡前做靜觀練習,安靜覺察身心。

靜觀

靜觀(Mindfulness)是近年興起普及的輔導療法,主張要專注在此時此刻(Here and Now),用非批判性、開放和接納的角度來覺察自己,從而了解自己的身心靈狀態。很多科研證實靜觀能有效地減輕壓力、焦慮、抑鬱等負面情緒,提升專注力,並有助我們自我認識和內在成長。

死亡或疾病恐懼是甚麼?

一般而言,死亡是一個不吉利和容易令人不安的詞語,同時包含了悲傷、喪失、懼怕等複雜的情緒。縱然我們明白死亡和疾病是人生必經之路,當談及這些議題,我們總會說一句「Touch wood」,希望死亡或疾病不要發生。死亡或疾病恐懼是指在面對身體不適或死亡有關的議題時的過度恐懼,傳媒報道、電視劇、電影和小說傾向把死亡渲染,也會容易令人懼怕。有些死亡或疾病恐懼症的個案會完全逃避談及這議題,甚至聽到也會極度恐懼。每當感到身體不適,個案就會災難化地產生恐懼,幻想自己死亡或患病時痛苦的模樣,以至身心更加不適。

自閉症是甚麼?

自閉症是一種兒童發展障礙症,一般在幼兒 1 至 3 歲時發現,在香港單是被正式診斷的人數也有超過 2.5 萬,且近年發現的個案倍升。

診斷條件

- 社交溝通及人際相處的障礙，如沒有或奇怪的眼神接觸，或對社交沒有興趣。

- 不斷重複行為、興趣和活動，如單一的動作、對生活安排欠彈性和不適應轉變、異常專注在某行為。

- 徵狀在成長早期已出現。

- 對社交、學習及其他重要生活有顯著的負面影響。

- 很多自閉症的小朋友伴隨有智力或語言障礙，但不一定有這些問題。

- 青少年和成人也有機會被診斷為自閉症，很多同時患有焦慮症和抑鬱症。

死亡或疾病恐懼的自療

Step 1 :
- 建立正面的認知，如恐懼伴隨有身體症狀，先釐清自己生理的狀態。

- 在排除自身有由其他疾病引起的不適後，學習正面認識死亡，而非逃避或把其幻想成極大的災難。

Step 2 :
- 了解自己認知上的錯誤或偏差，持開放的態度去與家人或朋友平常地討論生死，或思考自己當下生命的意義。

- 接受並正面面對這種恐懼，觀察自己最不安和恐懼的時刻，試回想自己的恐懼與現實生活中甚麼壓力與問題有關聯？

- 練習腹式呼吸，控制自己在遇上恐懼反應時可自我放鬆，減少因恐懼而由起的身心不適。

Step 3 :
- 建立健康生活，平日多做運動，身心放鬆活動，可讓自己感到身心健康正面，以減少對死亡恐懼和焦慮的聚焦。

- 若有宗教信仰，也可考慮和相關專業人士分享自己的不安和恐懼。

輕 生 活

每天練習好好生活，為心靈減減壓！

Monday

觀看喜歡的體育賽事

Tuesday

與動物在一起

Wednesday

參與社會工作或做志願工作

減 壓 日 誌

Thursday

走路時，多注意四周的事物

Friday

投入唱一首喜歡的歌

Saturday

和朋友一起露營

Sunday

觀鳥

特別的恐懼

過度的恐懼，
皆為我們所滋養的。

在前幾章討論過不同形態的恐懼，

患者都被刺激物影響而帶來生活上的種種不便。

林林總總的恐懼，
比我們所能想像的多，

這章挑選了一些特別的恐懼，

當中包括：

婚姻恐懼症（Gamophobia）
性交恐懼症（Genophobia）
看醫生恐懼症（Iatrophobia）
密集恐懼症（Trypophobia）
巨大恐懼症（Megalophobia）

婚姻恐懼症

Gamophobia

美國著名心理學家 Robert Sternberg 的愛情金字塔理論指出，理想的愛情包含 3 個元素：激情（Passion）、親密（Intimacy）和承諾（Commitment）。理論當然有其基礎，然而，這種模式是否適合所有人？如果我們理想中的愛和關係缺乏以上其中一點，是否愛情就不完整？中國人說：沒有婚姻的愛情是不道德的；西方人則說：沒有愛情的婚姻是不道德的。縱然有不同文化，婚姻對於個人和社會來說確實有不少好處。即使未婚，我們在婚禮上或影視作品中也會聽過夫婦的誓詞，兩人由親友見證下山盟海誓，對婚姻充滿憧憬的，固然覺得浪漫堅貞，可是對於有婚姻恐懼的人來說，婚姻不止是戀愛的墳墓，還是自由和自主權的掠奪，不但沒有絲毫浪漫，而且是件恐怖的事。

> 某天晚上，我收到一個朋友的 WhatsApp，「Jasmin，很久沒有聯絡你了！我有個表哥有些感情問題想傾傾，他問甚麼時候方便預約，如果兩日後可以嗎？」

> 收到的時候我以為是失戀的個案，因為通常趕急預約的，都是需要即時情緒支援個案，而這些個案當中，許多是失戀者。「後日上下午滿了，要晚上 6:30，可以嗎？」我回覆。

> 不到 1 分鐘，「OK，他說可以，到時在你中心見。」電話中顯示了回覆。

> 立春陽氣轉，雨水沿河邊，一整天雨紛紛的立春，乍暖還寒，晚上來到的是一位高大英偉的青年才俊，在治療室是非常罕見的類型。Jason，38 歲，金融分析師，為人健談幽默，第一次見面的時候有意無意地施展其魅力，言語間有些許調情的語調。教育、家庭、經濟背景都優秀，求助的原因是婚姻恐懼。

> 「不知道我表弟有沒有說出我的狀況，之前我有個女朋友⋯⋯其實還未分手，她說，最後 1 個月的限期，如果我不能確定和她結婚，就會跟我分手。」Jason 開始有點認真地說。

> 「我有點不清楚，你的意思是⋯⋯女朋友『迫婚』？」我問。

> 「不是不是不是，她跟我交往 5 年了，我認為她是很好也很適合

的對象，但一說到結婚，我就很恐懼，我知道自己已經用了不同的藉口去拖，由我們拍拖第 2 年已經開始提及這個問題⋯⋯但就是⋯⋯」Jason 擺了一個無奈的樣子。

「所以說，就是你意識上是接受要結婚的，但不知為何潛意識總是在抗拒，而且你發覺自己一直在逃避⋯⋯」我說。

「嗯⋯⋯嗯」Jason 眨一眨眼，輕輕點了點頭，低沉的鼻音似乎若有所思。

我回應了他的表情，「想到甚麼嗎？」

「剛才你說『潛意識總是在抗拒』，我在想，為甚麼會總是在抗拒？我知道通常不願意結婚的男人，一是覺得自己未玩夠，二是童年家庭破碎或不懂照顧人。可是這些都不是我的原因⋯⋯其實我也幻想過有小朋友、有太太，一家人的生活，沒甚麼不願意的。所以我也好奇，當然我希望來找你是可以解決這個問題的，畢竟我希望可以繼續和這個女朋友在一起，但如果我有甚麼問題，知道後也不好意思再拖着她了。」Jason 的疑惑徘徊於嘆氣中。

「嗯，你可否講一講你的家庭，原生家庭⋯⋯小時候家裏有甚麼人？你們的關係等等。」很多時候，我們都會直接地想到某個人因為某些所謂的「童年陰影」，也即是一些童年發生負面的重大事件，會對他的人生有很大的影響，其實不只是一些重大或深刻的事件，即使是小事一樁，也可能在我們的主觀記憶中劃上特別的記號，對我們影響深遠。

「小時候⋯⋯真的沒甚麼特別差，或者不開心的回憶，屋企有阿爸、阿媽、同一個大我 5 年的姐姐，爸爸媽媽都不會吵架，很和睦的。我在香港讀書到小四就和媽媽姐姐移民去澳洲，都無甚麼特別，好快識到朋友。讀書無問題，一直到讀完大學後回香港工作。我們一家到現在都不時一起食飯，我認為家庭方面，無特別。」Jason 說。

家庭是我們學習相處、溝通和表達情緒最重要的地方，Jason 描述家庭時，我留意到他沒有任何情緒附加，就像說公事，這點讓我很好奇。因為在一個家庭裏面，雖未必有強烈的愛恨情仇，也不會連幾件比較深刻的事也想不出來吧。

「嗯，聽起來你對自己原生家庭生活沒甚麼特別記得的事，那麼，你女朋友的家庭相處，是怎樣的？你有見過她的家人嗎？」我問。

「她的家庭很不一樣的，對我來說，她的家庭環境比較⋯⋯平凡，但她與家人相處時很有趣，也有很多話題，也會吵架，跟我的不一樣。」Jason 在說女朋友的家庭時面帶微笑，跟說自己家庭時的平淡成了有趣的對比。

「看來你是挺喜歡她家的⋯⋯」我告訴 Jason。他聽到我這樣說，收起了微笑，一臉煞有介事。

「在她家，她們可以隨便說出自己的感受⋯⋯」Jason 再次出現無奈的臉。

「⋯⋯在你家的情況是？」我鼓勵他繼續。

「我們⋯⋯不會就這些，就是感受、情緒那些⋯⋯我們不會說，基本上我們都是說日常生活。我記得在我小時候，爸爸有一次喝了多一些酒回來，媽媽沒有說甚麼，看到他回來就把自己關在房間裏。當時我坐在廳看電視，爸爸坐在我身邊說：『婚姻中的和諧，是用自由來成全的。』我完全不明白，但我記得爸爸的樣子很痛苦。到我長大後，開始認識朋友，偷偷地出去玩，都完全不會讓屋企知，回到家裏要好乖，無事就是最好的事。我開始明白，要家庭和諧就是：不要去說、不要去做老婆不喜歡的事，大家沒有爭吵，就和諧。」Jason 說的，正正就是他對婚姻生活的感受。

後來經過了數節的了解和信任建立，掀開了 Jason 的婚姻恐懼，是源自於恐懼在婚後自己的自主和自由會喪失，為了家庭，他要長大，要顧

及家庭的和諧。在 Jason 的心中，雖然他的家庭環境很優越，但他的成長並沒有感受到太多的情緒支援，而他認為媽媽對待一家的態度就是冷冷的回應，過分平靜地處理任何事，他看到的爸爸是不完全快樂和壓抑的。因此，這成為他的疑問，他潛意識非常害怕在婚後會像爸爸一樣，為了家庭和諧而去掉自己的自由，再也不能自然的表達。

甚麼是婚姻恐懼？

在現代的社會，婚姻恐懼並不是罕見的問題，出於個人對生活的理念、經濟、責任和習慣等原因，個案會對婚後的人生有着過分悲觀和擔憂，以致一直逃避。有某些個案是因為之前不愉快的交往或離婚而廣泛化，認為自己「不適合和別人結婚」或「結婚也不會長久」。一般來說，婚姻恐懼可透過認知行為療法、婚姻和家庭輔導去處理。

婚姻恐懼的自療

Step 1： • 先了解恐懼的基本：恐懼的是責任？身份轉變？失去自由還是其他原因？

 • 跟其他的恐懼不太相似，如婚姻恐懼者的感情生活如意，伴侶可以配合，便不一定需要處理或治療。

Step 2： • 當恐懼和現實生活有衝突時，便需要了解一下自己的恐懼來源，和自己對婚姻的真實想法。婚姻生活不一定絕對適合每一個人，認清自己真正的期望是非常重要的。有宗教信仰或其他原因限制的個案或另作別論。

Step 3： • 試試了解自己有多大程度可以配合婚姻，也可以與伴侶分享你的恐懼，以商討可行方案或接受專業輔導的需要。

性交恐懼症
Genophobia

以生物學的角度來説，性是動物繁衍的基礎，乃生物延續所必須的本能。所謂「食色，性也」，性慾和食慾是人的基本所需。大部分人在青春期或成長的過程中，會慢慢感受到身體的變化和對性的生理渴望。然而，經過數千年的文明發展，現代人的壽命比以往長，人類性生活早已不只為繁殖。而某些個體，或會因不同的原因而出現生理或心理的性功能障礙，其中一種是性交的恐懼症。

「我有陰道痙攣的問題。」Winnie 在治療室剛坐下來就説。「我看過婦科醫生、性治療師，他們教我做陰道放鬆練習，和先生做一些親密練習等，我都試過，不過不是太成功，可能做催眠是最後的希望了。」她開宗明義説出了治療的目的。

Winnie，29 歲，新婚不足 1 年，文員，沒有宗教信仰，也沒有任何被性侵的經歷，在婚前沒有性行為，但在婚後發現性交障礙，嘗試性交時陰道肌肉收緊，產生疼痛而中止。曾求助於婦科醫生，排除陰道生理異常或有其他身體障礙，接受過性治療師的認知和行為練習，效果不理想。

「Winnie，不如你形容一下，性交對你來説，是個怎樣的概念？」我問。

「我覺得是一對夫婦正常要做的事，我先生在未結婚之前有要求過，我話結婚先，他都好尊重我。到現在發現原來有陰道痙攣，佢都好好會支持我，話不用急，一齊做練習。但我自己覺得不好，我們結婚 9 個月，只有 1 次性交，還不是完整的性交，做到一半就好痛，我覺得要處理這個問題。」Winnie 説。

「之前你説，已經嘗試了好多方法，有沒有哪些效果是比較好的？例如性治療師的專業知識去改變你的認知，或持續的行為練習？」引導個案去討論她曾經試過的方法，可以知道她有甚麼方向是正確的，有甚麼可以改良的，比起直接給予建議更能切合其需要。

「我覺得可以和治療師或醫生去講這個問題，憂慮已經減少了一點，但最終我是想可以正常地發生性行為，所以目標都是比較實

際。醫生教我同先生先愛撫一下，再用 1 隻手指試，無問題就可以用 2 隻手指，慢慢等陰道接受 …… 我試了，很勉強 …… 不知為甚麼，任何物體進入我陰道就會好緊張，緊張到不能放鬆，雖然我理性知道這個行為是正常，或不會傷害到我的。」Winnie 的眼神很堅定，在發現陰道痙攣的問題後立即求助，且願意嘗試不同方法，證明她對治療的動力很高。

「你認為有這個問題，對你最大的影響是甚麼？」我問。

「除了我認為是一對夫婦正常的生活外，我都好想生 BB，現在 29 歲了，即使立即成功他出世時我都 30 歲，我同先生想要有 BB。所以看看催眠是否可以幫我放鬆，可以在性交的時候也放鬆。」Winnie 回答。

「明白。在我們開始催眠之前，也需要明白過程和當中大概會出現的反應。我們先從腹式呼吸開始 ……」每次在進行催眠治療前，個案必須要清楚催眠可和不可協助的範疇，也可減少他們的困擾跟迷思，也讓他們知道可怎樣配合。

Winnie 的個案共做了 6 次的治療，沒有發現一般陰道痙攣患者的性陰影，也沒有其他焦慮的問題，治療主要是在潛意識給予暗示放鬆。在 6 節之後，個案暫停了預約治療，直到差不多 5 個月後，我再次接到 Winnie 的來電。

「喂，Jasmin …… 有段時間無預約，我想約下個星期 ……」Winnie 的再次預約治療讓我有點好奇，畢竟過了數個月。

當日她來到治療室，帶着一個大笑容。

「Hello Winnie，有一段時間無見。」我說。

「是呀，這次來想你幫我做催眠戒煙，其實你都知我一直有食煙，現在我有 BB，知道之後雖然無再食，但還是會有心癮，例如食完飯之後好想食煙，所以想做催眠幫幫手。」Winnie 面容歡愉。

「哦，怪不得你隔了幾個月再回來做治療⋯⋯」我微笑地說。

「是呀，其實都好感恩，我和先生試了幾次就成功懷孕，現在懷孕了兩個多月，所以沒有太多人知，但是我好想戒煙，不用心掛掛。我和先生都好開心，好多謝你。」Winnie 的幸福溢滿了整個治療室。

「好，那麼我們先調整到一個自己舒服的坐姿，雙眼慢慢感到越來越重⋯⋯」我們再進入潛意識的世界去減輕 Winnie 對煙的心癮。

不是每個個案，都會讓你知道她們在接受治療後的轉變，但我確信，當我們的過程是以正確的方向走，潛意識就會有好的回應。Winnie 最後更把自己求助的經歷和之前受陰道痙攣困擾的性交恐懼寫了出來，放在互聯網上，讓更多人了解這個恐懼。

甚麼是性交恐懼症？

性交恐懼症的患者可以是男或女，也有很多不同的型態，有些患者只是恐懼性行為中插入的部分，有些則對所有跟性交有關的動作，包括言語描述及觀看電影中的性交場面皆會產生不理性及不必要的恐懼，並會迴避性交。主要引起性交恐懼症的可能是性知識匱乏、患有創傷後壓力失調症或其他焦慮症、宗教原因禁慾或認為性是不潔的、性格內向自卑、過分擔心自己在性愛時的表現或對方的評價等。非嚴重的性交恐懼可以透過認知改變，和正確而循序漸進的性行為練習而減輕，較嚴重的需要接受醫生或心理治療。

✦ 一般性交恐懼症患者的惡性循環 ✦

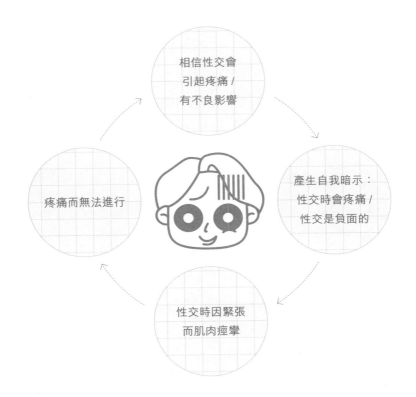

相信性交會
引起疼痛 /
有不良影響

產生自我暗示：
性交時會疼痛 /
性交是負面的

性交時因緊張
而肌肉痙攣

疼痛而無法進行

陰道痙攣

陰道痙攣乃一種屬於女性性行為障礙的性異常，可發生在各種形式的陰道插入，當中常見的是性行為、婦科檢查或使用衛生棉。當患者的陰道感受到有任何插入，都會導致陰道肌肉猛烈收縮，產生疼痛，因而無法完成。最普遍的陰道痙攣原因是對性行為有可能產生的疼痛和不適感恐懼、在意識或潛意識上深信性行為是骯髒或可恥的，及曾經歷兒童時期的創傷（包括性或其他創傷）。

另外，在《DSM-5》中以「骨盆性器疼痛 / 插入障礙」（Genito-Pelvic Pain/Penetration Disorder）合併了原來的「陰道痙攣和性交疼痛」（Vaginismus and Dyspareunia）。

性交恐懼症的自療

Step 1： • 發現自己有性交恐懼的個案，可先嘗試了解一些性交的正確資訊，了解自己哪一些恐懼是過分和不合理的，建立正面的認知以減低焦慮。

Step 2： • 可與伴侶商討可接受的親密性接觸，不論男或女性的患者，都可為自己設計和訂立適合自己的脫敏計劃，以做一些感覺集中訓練，由撫摸開始來實現脫敏。

• 不主張過快強行進行性行為，以避免加深恐懼和疼痛感。

Step 3： • 想像自己能以放鬆的心情享受性愛，練習腹式呼吸，控制自我放鬆。

• 平日多做運動，身心放鬆活動，保持情緒穩定。

• 如因而影響生活或與伴侶關係，可諮詢婦科醫生、性治療師或心理學家。

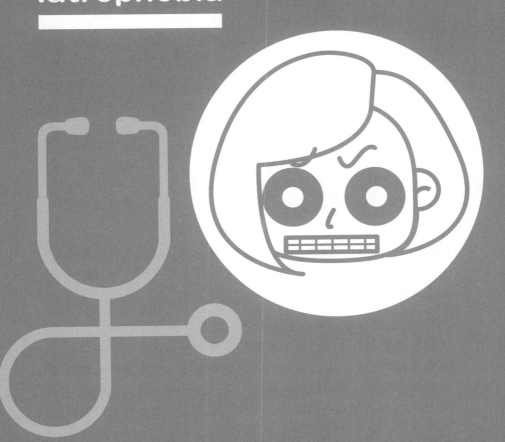

看醫生 恐懼症

Iatrophobia

「一日一蘋果，醫生遠離我」，平日安然無事時，我們固然希望「遠離」醫生，但即使擁有健康的身體，我們有時亦會在感到不適或在身體檢查時向醫生求助。看醫生或牙醫是每個人都有的經歷，「病向淺中醫」這道理大家都明白，可是在自己不適、身體虛弱無力的狀態時步入醫院，心中或多或少會感到擔憂。看醫生和看牙醫的恐懼是普遍的，因為不少人在醫院有不愉快的經歷和感受過很多負面的情緒。

> 「我最近嚴重失眠，因為我媽媽要去看醫生，做檢查，每一次我都很緊張，在前幾晚就會失眠。可以怎樣治療？」Vivian，41歲，中港商人，有出色的事業及和睦的家庭，沒有長期病史，求助原因是對看醫生有恐懼；不只是自己看醫生時恐懼，連任何家人看醫生，亦會感到過分焦慮和不安，伴隨嚴重失眠、不能下嚥、心跳、想嘔吐，直到醫生證實健康無恙才能放心。

> 「甚麼時候開始發現對看醫生有恐懼？」我問。

> Vivian 想了想：「一直都恐懼⋯⋯ 小時候看醫生驚打針，又驚要食藥，一向都盡量不看醫生。但近兩、三年好像很嚴重，以前好像是自己或我屋企人看醫生前一晚會焦慮，會驚。但現在是一開始聽到屋企人不適，要約見醫生，可以是整個星期一直失眠，心不在焉，又食不下嚥，心慌慌就是⋯⋯ 很辛苦。」Vivian 說。

> 「聽上去你和家人的感情是很好很親近的⋯⋯」我回應着她的內容。

> 「是呀！我和家人很親近，我結婚了 10 多年，仍然和爸媽和哥哥一家都很親，住在旁邊也一起工作，家族企業⋯⋯」Vivian 一說到家人就一副心滿意足的樣子。

> 「嗯，這也難怪你會常常記掛他們。介不介意說說這兩、三年跟之前有甚麼不一樣，生活上有甚麼改變或特別的經歷？」或許，恐懼看醫生並不是太不尋常的感覺，畢竟醫生通常是帶來壞消息比較多。然而，如此強烈的恐懼，已超出一個人的心理負荷，而且 Vivian 的恐懼是在這兩、三年變得嚴重的，因此我很好奇當中有甚麼因素引發這種恐懼。

「無甚麼喔⋯⋯ 有一件不太相關的事，就是我在 5、6 年前開始做人工受孕，因為我先生的精子比較少，我也很想和現在的先生有小孩，但結婚 5 年都沒有，就在大約⋯⋯ 35 歲開始心急，就做人工受孕，做了第 3 次成功，但孩子就發育不了，不到 4 個月就沒了⋯⋯ 當時我們很傷心，也覺得年紀大了，也沒有再試。」現代女性有自己的事業，同時要兼顧家庭，的確需要很多的魄力。Vivian 很年輕便出來打拼，靠自己在內地開了數間連鎖美容中心，她和前夫育有一個兒子，現已 15 歲，但與她不相往來。在 2、3 年前成功懷孕，讓 Vivian 一家十分期待，可惜孩子沒有緣分來到這世界。

我溫柔地看着眼前這個外表堅強，但被戳中要害的女人，「看得出你很失望⋯⋯」

「總有些事情你沒有辦法控制，不如意也沒法子吧。」Vivian 苦笑。

「剛剛説到你對看醫生的恐懼也是從 2、3 年前起，也是差不多你小產的時候開始的，是嗎？是甚麼令你現在來求助？」我問。

「在那之前已經開始⋯⋯ 我也不知道為甚麼，就是一聽到去看醫生就恐懼和擔心起來。那段時間我媽就發現有一條腸有瘜肉，做手術的時候我非常擔心她會出事，胡思亂想在外面哭，當時發現了自己對看醫生有非常大的恐懼，但之後她康復了不用去醫院就沒問題。到最近我舅父發現有個腫瘤，是癌症，見他瘦了很多，我媽看完他之後又説自己開始老，可能也會有很多病痛，我一聽到就很不安。到最近她覺得心有點不舒服，咳了很久，我就開始擔心，上網不斷查是否有甚麼病，但又很怕和她去看醫生。到自己有點頭暈，又開始想是否有甚麼潛藏的病，但寧願自己吃藥也不敢去看醫生，我老公説陪我看一次醫生檢查清楚，我就整整一星期睡不着⋯⋯ 我受不了，很累很怕，又不敢去看醫生。」這可能是很多人都共同擁有的經歷，家人身體不適或需要做手術，我們旁觀者如坐針氈卻無能為力在乾等。

「看來看醫生對你來說是件很有壓力的事⋯⋯」我看一看無奈的 Vivian，拿了一副遊戲的圖畫咭出來，「圖畫咭裏面有不同的圖象、人物或情景，請你選一張，看上去最能表達看醫生給你的感覺。」我邀請 Vivian 去讓潛意識找出對看醫生的感覺。

Vivian 很快就在約 50 多張的圖畫咭中找到合適的。「你找的這張是一個小女孩和一隻大玩具熊背對背，女孩低着頭，熊在流淚的圖畫。你可不可以跟我説説這張咭給你的感覺？」

「兩個都不開心，那小女孩好像是醫生，她拿的好像醫生的聽筒，當她告訴大熊生病了，兩個都不開心。」Vivian 的幻想力把我們帶到更深入的情緒記憶。

「那麼你覺得自己是小女孩，還是大熊，還是⋯⋯？」我繼續剝開潛藏在心裏的恐懼。

「嗯，是小女孩⋯⋯我讓大熊不開心，自己也不開心⋯⋯」Vivian 説。

當繼續了解，發現原來在 2、3 年前，當時 Vivian 的中心有一位總經理因丈夫出交通意外而需要請很多假期，因顧及公司營運，Vivian 不管她苦苦哀求而把她辭退，當事人的丈夫不久後過身了。雖然做了一切手續上的賠償，但在 Vivian 心中有所內疚。這件事本來她在意識上已忘記，但在潛意識一直影響她。不久她的母親發現腸有瘜肉，她便緊張起來，Vivian 恐懼去面對的，不只是醫生，而是自己在潛意識中良心的責備，因為她本人是注重家人的，卻不能照顧到員工的需要，自始開始逃避和感到恐懼。背景資料告訴我們人的外在經歷，但情緒的反應告訴我們內心的經歷。Vivian 的看醫生恐懼源於自我內心的衝突，小產和害怕自己或家人有大病更只是誘發和投射出這種恐懼。在數次治療後，Vivian 的心結也解開了不少。

甚麼是看醫生恐懼症？

　　看醫生恐懼症的患者對醫生會引發不能自控的恐懼，可以包括自己或其他人。一般人害怕見醫生的原因皆與恐懼疼痛、「壞消息」或不負面的經歷有關，而看醫生恐懼症患者則大大超過這種合理的恐懼，即使是一般或輕微的不適，也會往很壞的方向幻想，會因而十分焦慮與不安。某些醫生恐懼症患者只恐懼特定的檢查，如抽血、照肺等，某些則對一切醫生和看病有關的事情都恐懼，常見的看醫生反應是呼吸加速、心跳不規律、頭暈，小孩則是逃走、哭、大叫，至即使是十分不適也逃避去看醫生。

看醫生恐懼症的自療

Step 1 ：
- 先釐清自己的恐懼，如在甚麼情況或環境下會誘發恐懼，是病痛？死亡？或是因病無法處理某些事？

- 了解和接納自己在認知上的錯誤或偏差。

- 為自己制訂並實行脫敏計劃。

Step 2 ：
- 幻想自己可以克服恐懼，不要逃避刺激物或場景。

- 在當感到恐懼時用腹式呼吸法，先輕輕合上雙眼，盡量用意識調整呼吸，放慢放輕，利用腹式呼吸作深呼吸，或數脈搏法自己平靜下來。

Step 3 ：
- 多參與運動或專注在自己有興趣的事上，均衡飲食，培養正面的心態和健康的生活有助於建立心理韌力，對抗看醫生的恐懼。

- 如恐懼見特定的醫生而無法自行放鬆心情去接受治療，建議可嘗試轉換醫生。

密集恐懼症
Trypophobia

密 密麻麻的蓮蓬、鵝卵石、橫切的奇異果、火龍果甚至是士多啤梨上的黑點已可教密集恐懼症患者發作。在臨床的治療恐懼症中，嚴重密集恐懼症的個案不常見，但在網絡上也有不少網民說自己有密集恐懼的問題。2013 年，University of Essex 視覺科學專家 Dr. Geoff Cole 和 Professor Arnold Wilkins 在期刊〈心理科學〉（*Psychological Science*）上發表的研究指出，對密集的恐懼可能是因為這種特徵與許多有毒的動物相似，在人類進化時早把這些密集的東西視為有危險性，故看到密集的東西會不自覺地感到頭皮發麻甚至恐慌發作。

在一個正向心理學與填色減壓的工作坊中，我遇上了學員 Kate。第一天的工作坊一切如常，各人投入做練習也樂於分享。到了第二天，我注意到當其他學員都專心在一個曼陀羅（Mandala）狀的畫紙填色時，Kate 突然愣住了。

「Kate，你可以嗎？」我問。

「我不可以看這些圖案 ……」Kate 有點不好意思。「其實我有少少對這些重複又重複及密密麻麻的圖案感到不舒服。」

「喔！」我立即意會到她的意思，「無問題，不如我和你做第二個練習，一樣可以靜心和專注。」

我帶她做的是畫禪繞畫（Zentangle），並以特別的方法着她畫了一邊就遮掩一邊，讓她能專心畫眼前的圖案。而當我們專注在畫一些重複的圖案時，基本上沒有空間去想其他的事，也沒空間恐懼，當然在過程中我也有注意和調整 Kate 的呼吸和身體節奏，以確保她在放鬆而專注的狀態。

完成時，Kate 首次看到整幅畫，「嘩！」很大聲的叫了起來，看著愣住了數秒。

正當我在遲疑要不要開口時，Kate 說：「Amazing！原來我可以畫到這些！」然後，其他學員也看到其作品，紛紛過來欣賞拍照。

於我而言，所謂的心理治療，是以溝通方式正面地影響個案，不論場地，也不太拘泥某一學說；對的時間，做對的介入，就有對的效果。雖

然沒有直接去「治療」Kate，這個練習讓她重新接受和看待自己的密集恐懼，換一個角度去看，是很「Amazing」的！

禪繞畫（Zentangle）

禪繞畫是由 Rick Roberts 和 Maria Thomas 夫婦兩人所創立，是一種以重複圖案為主的繪畫方式。禪繞畫旨在通過一筆一畫，重複專注地畫，來進入一種內心平靜，甚至是冥想的狀態，過程中更可讓我們學習以不批判的態度去接受自己，欣賞自己。在禪繞畫的世界中沒有分對錯，只有不同的角度欣賞，以禪繞做治療和培訓，既可享受創作的樂趣，也可達至心靈平靜。

密集恐懼症的自療

Step 1： • 先識別自己在甚麼情況或環境下會誘發恐懼。

• 接納自己的恐懼，明白自己看到密集的圖案時會感到恐懼，嘗試在面對刺激時不逃避任何密集的圖像，告訴自己圖案並不會對安全構成危險。

Step 2： • 做放鬆練習，找一個安靜沒有人打擾的地方，舒適地坐下來，閉上眼睛，想像自己看到密集的圖案時會感到的恐懼，當感到緊張時以腹式呼吸放鬆自己。

• 在遇到刺激物時，把注意力放在其他地方，如有需要可用呼吸法或數脈搏法去平衡緊張的情緒。由於緊張得不到注意和強化，緊張反應就會隨時間的推移而逐漸消退。

Step 3： • 建立健康生活，平日多做運動，身心放鬆活動，以減少對密集恐懼的聚焦。

• 保持運動、飲食均衡可讓自己感到身心健康正面。

巨大恐懼症

Megalophobia

史提芬·史匹堡執導和監製的電影《吹夢的巨人》（The BFG）中，來自倫敦孤兒院的 10 歲女孩 Sophie 因發現了吹夢的巨人，而被帶往巨人的神秘國度，最後更與 BFG，一個善良的巨人攜手，成功阻止巨人來侵略人類。其實在世界各民族的傳說，巨人幾乎是不可或缺的角色。從希臘神話《奧德賽》（Odyssey）裏英雄奧德修斯在海島上遇到的獨眼巨人、英國童話《傑克與豌豆》（Jack and the Beanstalk）的巨人、《格列佛遊記》（Gulliver's Travels）裏的「大人國」，到中國的夸父和樸父，不同故事中都描述了巨人的存在。童話故事刺激有趣，然而在現實生活中，患有巨大恐懼症的個案卻因「巨大」而十分恐懼和驚惶。

忽爾冷颼颼的初春，毛毛雨滲出絲許寒意。農曆新年假期過後各行各業重新啟市，回到治療室抖擻一下精神，迎接新一年的工作。下午見了幾位舊個案後，傍晚來了一位新個案。Patrick，14 歲，中二學生，在聖誕節和家人遠遊時發現對巨物有恐懼，新年期間隨家人往寺廟上香祈福時，更因看到巨型佛像恐懼得嚴重不適，被送往急症室。

「Hello Patrick，不如你說一說對巨物的恐懼，好讓我能了解多一點。」我微笑地邀請。

Patrick 的反應有點靦腆，先看一看陪他前來的姑姐，說：「嗯，確實以前沒有這種的恐懼和心慌，第一次出現在聖誕節。那時和屋企人，爸爸媽媽、姑姐、姑丈和表哥旅行，我在一個港口拍照還是甚麼，沒有注意四周的環境，突然一聲巨響在我耳邊響起，我一轉身便看到一艘極度巨大的船泊在我後面，很近很大，像快要把我吞沒，也像荷李活災難電影般會撞過來，那一刻很驚慌，呆了，久久還是覺得恐懼；到第二天看到飛機也恐懼起來。原本以為很快會沒事，但在上星期看到巨型佛像不但沒有減少恐懼，還完全不能自控地驚，心跳快到好像心臟失控，一陣暈眩，很怕自己會死。」

「然後就被送到急症室⋯⋯」我補充。

「嗯嗯，好驚自己⋯⋯不知發生甚麼事，就是覺得巨型的東西很

恐怖。」Patrick 說。

「除了巨物外,有沒有對其他東西有恐懼?」我問。

Patrick 搖搖頭。

「明白,我們今天試一個快速恐懼症治療法(Fast Phobia Cure),這個方法可以改變我們的次感元(Submodality),也就是我們的經驗記憶,以消除你對巨物的恐懼連結。」除了巨物的恐懼,Patrick 並沒有其他恐懼或焦慮的問題與傾向,也沒有家庭、人際、自信等問題,因此利用快速恐懼症治療法可以更有較率協助他擺脫恐懼連結。「首先,我會為你建立一個安全的心錨,也就是一個心理安全的地方……」

在一次快速恐懼症治療法後,Patrick 的巨物恐懼已大大減輕,再加上一些腹式呼吸的練習和對恐懼的認知糾正,他可以面對生活上一般的巨物。雖然面對巨物時仍有心存一點恐懼感,但治療後 Patrick 不再逃避巨物或因看到巨物而陷於極度恐懼,並有能力快速平復緊張。

快速恐懼症療法步驟

1. 建立心錨:可以先引導個案回想一個安全、平靜或有力量的經驗。

2. 閉上眼,想像自己坐在一間電影院裏的座位上,看着銀幕。

3. 想像現在正在放映那次恐懼感覺的情景(放映的過程是黑白的)。請你看看這個畫面直至結束為止。

4. 把電影從尾到頭快速倒播一次(像倒帶)。在數秒內完成,直到返回開始的畫面。(倒帶的過程是彩色的)

5. 重複倒播過程約 7 至 10 次,每次速度越來越快。

甚麼是巨大恐懼症?

巨大恐懼症患者對於某些特定巨大的東西有一股無法控制的恐懼感,當中可能包括:巨型的建築,如大廈很大的大堂、大熔爐、大風車;巨型的雕塑,如巨大佛像、博物館巨型化石、巨型戶外擺設;自然環境,如獨立的巨山、星球體、太空圖像等,就如一般的特定恐懼症,巨大恐懼症患者在遇上刺激物時會產生不必要且非理性的恐懼,並無法自控,要逃避刺激物才能平靜下去來,且是持續對巨物有這種無以名狀的恐懼。

巨大恐懼症的自療

Step 1: • 建立正面的認知,先釐清自己在甚麼情況下看到巨大的物件會恐懼。

• 巨大恐懼的治療可以用系統脫敏法,為自己訂立治療目標和刺激的等級。

Step 2: • 練習腹式呼吸,控制自己在遇上巨物時可自我放鬆,減少因恐懼而由起的身心不適。

• 不具危險的巨物不要逃避,想像自己即使遇上那些尖物時仍可如常工作,盡量減少恐懼的時間。

• 在實際的情況看到刺激的巨物時不要立即逃避,讓自己冷靜下來面對,改變恐懼性思維。

• 訂立脫敏計劃,把恐懼的巨物分 5 個不同程度,如自行想像恐懼巨物的形象,成功克服後再看有關巨物的圖片、電影,逐步脫敏。

Step 3：
- 面對恐懼刺激時，可以用數脈搏法，用一隻手的食指和中指輕按在另一隻手腕的脈搏，由 1 數到 100，讓自己專注平靜下來，再放鬆面對。

- 建立健康生活，平日多做運動，身心放鬆活動，可讓自己感到身心健康正面，以減少對恐懼和焦慮的聚焦。

輕 生 活

每天練習好好生活，為心靈減減壓！

Monday

修理物件

Tuesday

製作小手工

Wednesday

寫信、卡片、筆記

Thursday

去圖書館看書

Friday

閱讀報紙

Saturday

慢跑或步行

Sunday

玩棋盤遊戲，和朋友聚餐

CHAPTER

6

突如其來
的
驚恐發作

沒情由、
沒預兆、
避無可避的驚恐發作，
是醒着時的惡夢。

近年不少人在街上或行山時偶遇巨星周潤發並自拍,「野生捕獲發哥」成為社交媒體「呃 Like」現象。發哥每次都表現親民,笑臉迎人與眾同樂,誰不知正面的背後,其實發哥早年亦曾因驚恐症而一星期去 3 次醫院,常懷疑自己身體有病,醫生卻說一切正常,被驚恐問題困擾了近半年。香港導演張堅庭一向予人正面、幽默和開朗的形象,他回憶自己患上驚恐症時曾一晚驚醒 10 次,更因恐懼問題數月下來花了 2 萬多元不斷求醫。驚恐症患者與一般恐懼症雖有相似但不一樣,他們都有驚恐發作的症狀,起因卻顯著不同。

「我是醫生轉介來治療的,他說我有的是『心病』,需要的不是醫生,是心理治療。」Eva 的開場白是這樣的。

Eva,31 歲,網絡媒體文字工作者,大約 3 個月前突然開始驚恐發作,最近差不多每天都會發作最少一次,有時在逛街時發作、有時在和朋友聚會時,也有在自己一個臨睡前或上班途中發作。

「我完全不知道甚麼時候會有這種驚恐!在驚恐發作前完全無任何先兆、也不知為何,說來就來了;我會感到心跳很快,像心臟病發,每次都很怕自己會暈倒或突然暴斃。第一次去急症室時,等了一會兒好像沒甚麼事。之後再做身體檢查,心臟病、血管病、肺病,連癌症、柏金遜症我也懷疑過自己,結果檢查後只發現有少許高血壓,完全沒有其他問題,但情況卻不斷出現。」Eva 形容的,是典型驚恐症患者的狀態,無故驚恐發作,大多數每次持續數分鐘至數十分鐘,恐懼時身體的反應令患者更驚慌。

「驚恐發作時很辛苦,如果我是你也一定會很憂心⋯⋯」我先安撫一下略為緊張的 Eva。「剛才聽你形容,我察覺到你用了很多『完全』,這是你的口頭禪嗎?」Eva 說話的語氣略急且非常肯定,當中的「完全」黑白分明,就像不存在任何灰色一樣。

Eva 不解地看着我,「⋯⋯我沒有留意過⋯⋯」

「嗯,那麼『完全』對你而言意思是?」我繼續引導。

「是⋯⋯一定是這樣?是吧⋯⋯」Eva 回答。

「似乎你之前不太察覺這種『一定是這樣』的想法在影響你。」我看着 Eva，故意含糊其詞讓 Eva 去猜，她即時坐直身軀，心急地猜測我的意思。當看到這個反應時，我更相信推斷的方向。

「你的意思是我很主觀？」Eva 迷惘了。

「我的意思是你很需要有『答案』，對你來說含糊是不能接受的。」這個個案是個十分焦急的人，甚麼事都很想立即弄清楚，偏偏驚恐症對她來說就是沒有預兆，也不知道為何會出現的問題，這短短 2、3 個月已令她十分痛苦。

「嘩！為甚麼你會知道的？我就是喜歡清清楚楚，我認為所有事情都有解釋，控制不了的事會令我很不安。」Eva 説。

「……而這個驚恐發作的問題你解釋不了，讓你非常不安……」我補充。

「是的是的，完全是這樣。」Eva 點點頭以示認同。

「驚恐症是屬於焦慮問題的一種，是急性的焦慮發作，在非常短的時間裏會感到強烈不適，會感到自己身體不受控，極度害怕會有甚麼意外或瀕死的感覺。雖然沒有必然和單一原因的解釋，但一般來說，驚恐症都與壓力有關，你最近有沒有甚麼有壓力的事件？」我問。

「沒有特別大的壓力事件，之前有在考慮要轉工。因為我做文字工作已經差不多有 10 年，開始沒有太大熱情，考慮轉行。」Eva 説。

「然後呢？」

「然後發覺不知道自己可以做甚麼，好像重新學習另一項事情又太遲了，到現在都不知可以怎樣……現時比較擔心的是這個驚恐症，我發覺自己因為怕驚恐發作而開始不敢外出，也不敢找新的工作，最近好像心慌慌沒有自信的。」Eva 在原來的工作崗位失去了熱情，可是並不知道可以有怎樣的轉變，進退失據，也是一

種無形壓力。

「有時我們的壓力是潛藏的，自己未必認知到，要處理驚恐發作，首先我們要認識這個問題。在驚恐發作時我們之所以會感到呼吸短促，有窒息感，很多時是因為『過度換氣症候群』。也即是我們在短時間內過度換氣，令大腦以為自己缺氧，產生一陣暈眩的感覺，又會怕自己可能會失控、暈倒或死亡，故更『用力』吸氣，令自己更辛苦。」「治本」之餘，先要「治標」，縱然明白Eva 的驚恐源頭與其性格和想法有關聯，我們亦要先處理她在驚恐發作時的不安。

「喔，是的，會不停大大力吸氣驚自己不夠氧，原來是不對的！」Eva 有所明白。

「無錯，我們在驚恐發作時要做的第一件事，就是學習控制呼吸。我們一起做腹式呼吸，口訣是『6 秒吸 6 秒呼』。我們先用6 秒吸氣：1、2、3、4、5、6⋯⋯ 好，再用 6 秒呼氣：6、5、4、3、2、1，再來⋯⋯」我們共做了大約 6 組的呼吸練習。

「其實現在感覺會很放鬆，但當我在街上，沒有人數和幫我做呼吸放鬆的時候怎辦？」Eva 又心急地問。

我輕輕地微笑，「嗯，這個練習較適合平日訓練自己有意識地放鬆，有意識去放慢呼吸在驚恐發作時也是十分重要的。另外一個練習：數脈搏法，就比較適合你在驚恐發作時應用。做法是用右手或左手放在另一隻手的手腕脈搏位置，計算脈搏跳動，由 1 數到 100，就可以把失控的情緒控制和平復。」Eva 在我的帶領下嘗試了數脈搏的方法。

對於一些驚恐症的個案，我們先要給予他們同理心，建立了互信的治療關係和直接給予他們容易學習的處理手法。對於剛接受治療的個案，腹式呼吸法和數脈搏法是有效、簡易和實際可行的方法，在控制和減輕驚恐發作時的不適後，再深入解除根源的恐懼。

過度換氣症候群（**Hyperventilation Syndrome**）

驚恐發作時，患者會因心理上的懼怕而不自主地加快呼吸，導致過多的二氧化碳被排出，因而引發呼吸性鹼中毒。此時，患者腦部會得到錯誤的訊息，以為自己正處於缺氧狀態，越來越緊張，然後開始加快呼吸，約 1 分鐘內就開始出現症狀：覺得四肢肌肉僵硬、嘴巴周圍及手指等處會有麻木或是刺痛的感覺、頭暈、頭痛、胸悶、胸痛、心跳加快、臉色蒼白、手腳冰冷等。通常患者在越不舒服、越緊張時，反而會使症狀惡化，導致惡性循環；嚴重的個案甚至會昏厥。

✦ 驚恐發作的惡性循環 ✦

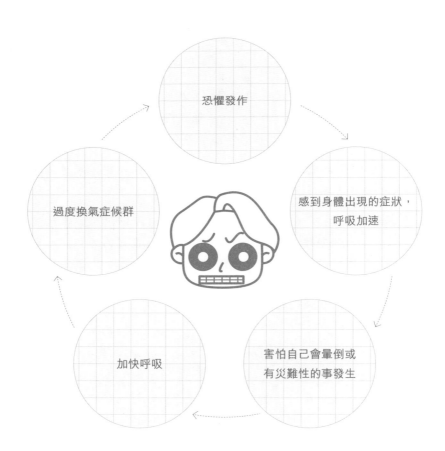

恐懼發作

感到身體出現的症狀，呼吸加速

害怕自己會暈倒或有災難性的事發生

加快呼吸

過度換氣症候群

甚麼是驚恐症和驚恐發作？

驚恐症是情緒病的一種，患者在沒有任何危險或特殊的壓力下，會突然感到有一股無法控制的恐懼與焦慮出現，並且驚恐發作，即出現呼吸和心跳加速、手腳自覺不受控、胸口翳悶和頭暈等身體症狀。這些症狀一般會在大約 10 分鐘達至嚴重的程度，患者會極度害怕有災難性的事發生或自己失去控制，但過後會自行平復。當無原無故的驚恐發作重複出現，而個體因擔心自己再次受恐懼突襲而逃避曾發作的地方，影響日常生活，便很有可能是恐懼症。中文大學醫學院香港健康情緒中心在 2002 年公佈的一項調查估計有 12 萬港人患有驚恐症，當中的成因是壓力引致腦部血清素分泌失調。患者當中以 35 至 44 歲及女性患者居多，也有些不少的驚恐症個案同時患有特定的恐懼症、廣泛焦慮症或抑鬱症。

驚恐發作的自療

Step 1 : • 當排除身體及生理上的問題後，要正視並接受驚恐症是個情緒的問題，了解驚恐的原因和情況。

• 不要逃避也不要刻意去壓制對抗，當驚恐發作時，告訴自己有方法可以應付。

Step 2 : • 在驚恐發作時保持冷靜，嘗試先用數脈搏法讓自己不把注意力放在驚恐的感覺上。

• 發作時輕輕看着一點，利用腹式呼吸，放慢並控制自己的呼吸。

Step 3 : • 多做運動及身心放鬆活動，保持情緒穩定。

• 培養正面的心態及健康的生活，有助於建立心理韌力。

驚恐症自我測試
（請根據你過去 2 個月的經驗來回答下列問題）

A. 你曾否多次突然感到極度害怕或驚恐，而每次通常持續數分鐘至數小時？

B. 很驚恐的時候，你有沒有以下的感覺？（可選多項）

1. 心跳很快
2. 呼吸困難
3. 胸口不舒服
4. 冒汗
5. 害怕不能自控
6. 噁心／作嘔
7. 驚自己精神失常
8. 顫抖
9. 驚自己暈倒
10. 有麻痺或針刺的感覺
11. 驚自己會死去

結果分析

根據已綜合的國際診斷標準，如果：

- 你的答案「是」；及
- 感覺中有三項或以上；及
- 選答「是」，及
- 覺得自己明顯受到困擾；或／及
- 覺得生活明顯受影響。

那麼，你可能已患上驚恐症。

* 此自我測試來自中文大學醫學院網站：http://www.cuhk.edu.hk/med/hmdc/panic/panic1.htm

* 內容只供初步評估，並非專業臨床診斷，如有任何疑問，請向醫生或心理學家求助。

輕 生 活

每天練習好好生活，為心靈減減壓！

Monday

整理家居

Tuesday

做針織、鈎編、針線活

Wednesday

在大自然散步

減壓日誌

Thursday

打電話給一個老朋友，
關心他的近況

Friday

去動物園或遊樂園

Saturday

Bonjour

上興趣班，學習與工作無關
的東西

Sunday

釣魚

附錄

A－Z恐懼症列表

參考資料

A - Z 恐懼症列表

A

Ablutophobia - Fear of washing or bathing
洗澡恐懼症

Acarophobia - Fear of itching or of the insects that cause itching
蟎蟲恐懼症

Acerophobia - Fear of sourness
酸味恐懼症

Achluophobia - Fear of darkness
黑暗恐懼症

Acousticophobia - Fear of noise
噪音恐懼症

Acrophobia - Fear of heights
恐高症

Aerophobia - Fear of drafts, air swallowing, or airbourne noxious substances
飛行恐懼症

Aeroacrophobia - Fear of open high places
航空恐懼症

Aeronausiphobia - Fear of vomiting secondary to airsickness
暈機嘔吐恐懼症

Agateophobia - Fear of insanity
精神錯亂恐懼症

Agliophobia - Fear of pain
疼痛恐懼症

Agoraphobia - Fear of open spaces or of being in crowded, public places like markets; fear of leaving a safe place
空曠恐懼症

Agraphobia - Fear of sexual abuse
性虐待恐懼症

Agrizoophobia - Fear of wild animals
野生動物恐懼症

Agyrophobia - Fear of streets or crossing the street
街道 / 街道橫越恐懼症

Aichmophobia - Fear of needles or pointed objects
針頭 / 尖刺物恐懼症

Ailurophobia - Fear of cats
恐貓症

Albuminurophobia - Fear of kidney disease
腎病恐懼症

Alektorophobia - Fear of chickens
恐雞症

Algophobia - Fear of pain
疼痛恐怖症

Alliumphobia - Fear of garlic
恐蒜症

Allodoxaphobia - Fear of opinions
選擇恐懼症

Altophobia - Fear of heights
恐高症

Amathophobia - Fear of dust
灰塵恐懼症

Amaxophobia - Fear of riding in a car
乘車恐懼症

Ambulophobia - Fear of walking
步行恐懼症

Amnesiphobia - Fear of amnesia
記憶喪失恐懼症

Amychophobia - Fear of scratches or being scratched
搔刮 / 刮痕恐懼症

Anablephobia - Fear of looking up
仰視恐懼症

Ancraophobi - Fear of wind (Anemophobia)
恐風症

Androphobia - Fear of men
男性嫌惡症

Anemophobia - Fear of air drafts or wind (Ancraophobia)
風媒 / 空氣流動恐懼症

Anginophobia - Fear of angina, choking or narrowness
窒息恐懼症

Anglophobia - Fear of England or English culture
英國 / 英國文化恐懼症

Angrophobia - Fear of anger or of becoming angry
憤怒恐懼症

Ankylophobia - Fear of immobility of a joint
關節 / 卡榫靜止恐懼症

Anthrophobia or Anthophobia - Fear of flowers
恐花症

Anthropophobia - Fear of people or society
人類恐怖症

Antlophobia - Fear of floods
洪水恐懼症

Anuptaphobia - Fear of staying single
單身恐懼症

Apeirophobia - Fear of infinity
無限恐懼症

Aphenphosmphobia - Fear of being touched (Haphephobia)
被接觸恐懼症

Apiphobia - Fear of bees
恐蜂症

Apotemnophobia - Fear of persons with amputations
截肢者恐懼症

Arachibutyrophobia - Fear of peanut butter sticking to the roof of the mouth
嘴角沾到花生醬恐懼症

Arachnephobia or Arachnophobia - Fear of spiders
蜘蛛恐懼症

Arithmophobia - Fear of numbers
數字恐懼症

Arrhenphobia - Fear of men
男性恐懼症

Arsonphobia - Fear of fire
恐火症

Asthenophobia - Fear of fainting or weakness
疲勞 / 虛弱恐懼症

Astraphobia or Astrapophobia - Fear of thunder and lightning (Ceraunophobia, Keraunophobia)
雷電恐懼症

Astrophobia - Fear of stars or celestial space
天文恐懼症

Asymmetriphobia - Fear of asymmetrical things
不均勻恐懼症

Ataxiophobia - Fear of ataxia (muscular incoordination)
運動失調恐懼症

Ataxophobia - Fear of disorder or untidiness
混亂恐懼症

Atelophobia - Fear of imperfection
不完美恐懼症

Atephobia - Fear of ruin or ruins
遺跡 / 殘址恐懼症，或破產恐懼症 / 毀滅恐懼症

Athazagoraphobia - Fear of being forgotten or ignored or forgetting
被遺忘恐懼症

Atomosophobia - Fear of atomic explosions
原子爆炸恐懼症

Atychiphobia - Fear of failure
失敗恐懼症

Aulophobia - Fear of flutes
長笛恐懼症

Aurophobia - Fear of gold
恐金症

Auroraphobia - Fear of Northern lights
極光恐懼症

Autodysomophobia - Fear of one that has a vile odor
臭人恐懼症

Automatonophobia - Fear of ventriloquist's dummies, animatronic creatures, wax statues; anything that falsely represents a sentient being
假人 / 蠟像恐懼症

Automysophobia - Fear of being dirty
自身不潔恐懼症

Autophobia - Fear of being alone or of oneself
獨處恐懼症

Aviophobia or Aviatophobia - Fear of flying
飛行恐懼症

B

Bacillophobia - Fear of microbes
微生物恐懼症

Bacteriophobia - Fear of bacteria
細菌恐懼症

Ballistophobia - Fear of missiles or bullets
飛彈 / 子彈恐懼症

Bolshephobia - Fear of Bolsheviks
前蘇聯共產黨恐懼症

Barophobia - Fear of gravity
重力恐懼症

Basophobia or Basiphobia - Inability to stand, fear of walking or falling
無法站立恐懼症

Bathmophobia - Fear of stairs or steep slopes
斜坡恐懼症

Bathophobia - Fear of depth
深淵恐懼症

Batophobia - Fear of heights or being close to high buildings
高物恐怖 / 望高恐懼症

Batrachophobia - Fear of amphibians, such as frogs, newts, salamanders, etc
兩棲類恐懼症

Belonephobia - Fear of pins and needles (Aichmophobia)
尖物恐懼症

Bibliophobia - Fear of books
書籍恐懼症

Blennophobia - Fear of slime
黏液恐懼症

Bogyphobia - Fear of bogeys or the bogeyman
嚇小孩的鬼怪恐懼症

Botanophobia - Fear of plants
植物恐懼症

Bromidrosiphobia or Bromidrophobia - Fear of body smells
體味恐懼症

Brontophobia - Fear of thunder and lightning
雷電恐懼症

Bufonophobia - Fear of toads
蟾蜍恐懼症

C

Cacophobia - Fear of ugliness
醜陋恐懼症

Cainophobia or Cainotophobia - Fear of newness, novelty
新奇恐懼症

Caligynephobia - Fear of beautiful women
美女恐懼症

Cancerophobia or Carcinophobia - Fear of cancer
癌症恐懼症

Cardiophobia - Fear of the heart
心臟恐懼症

Carnophobia - Fear of meat
肉類恐懼症

Catagelophobia - Fear of being ridiculed
奚落恐懼症

Catapedaphobia - Fear of jumping from high and low places
高處躍下恐懼症

Cathisophobia - Fear of sitting
恐坐症

Catoptrophobia - Fear of mirrors
恐鏡症

Cenophobia or Centophobia - Fear of new things or ideas
新事物恐懼症

Ceraunophobia or Keraunophobia - Fear of thunder and lightning (Astraphobia, Astrapophobia)
雷電恐懼症

Chaetophobia - Fear of hair
恐髮症

Cheimaphobia or Cheimatophobia - Fear of cold (Frigophobia, Psychophobia)
懼冷症

Chemophobia - Fear of chemicals or working with chemicals
化學恐懼症

Cherophobia - Fear of gaiety
快樂恐懼症

Chionophobia - Fear of snow
恐雪症

Chiraptophobia - Fear of being touched
撫摸恐懼症

Chirophobia - Fear of hands
恐手症

Chiroptophobia - Fear of bats
蝙蝠恐懼症

Cholerophobia - Fear of anger or the fear of cholera
憤怒恐懼症

Chorophobia - Fear of dancing
跳舞恐懼症

Chrometophobia or Chrematophobia - Fear of money
恐錢症

Chromophobia or Chromatophobia - Fear of colors
顏色恐懼症

Chronophobia - Fear of time
時間恐懼症

Chronomentrophobia - Fear of clocks
鐘錶恐懼症

Cibophobia - Fear of food (Sitophobia, Sitiophobia)
食物恐懼症

Claustrophobia - Fear of confined spaces
幽閉恐懼症

Cleithrophobia or Cleisiophobia - Fear of being locked in an enclosed place
幽閉恐懼症

Cleptophobia - Fear of stealing
盜竊恐懼症

Climacophobia - Fear of stairs, climbing, or of falling downstairs
台階恐懼症

Clinophobia - Fear of going to bed
恐床症

Clithrophobia or Cleithrophobia - Fear of being enclosed
關閉恐懼症

Cnidophobia - Fear of stings
叮蜇恐懼症

Cometophobia - Fear of comets
慧星恐懼症

Coimetrophobia - Fear of cemeteries
墓地恐懼症

Coitophobia - Fear of coitus
性交恐懼症

Contreltophobia - Fear of sexual abuse
性虐待恐懼症

Coprastasophobia - Fear of constipation
便秘恐懼症

Coprophobia - Fear of feces
糞便恐懼症

Consecotaleophobia - Fear of chopsticks
筷子恐懼症

Coulrophobia - Fear of clowns
小丑恐懼症

Counterphobia - The preference by a phobic for fearful situations
反恐懼症

Cremnophobia - Fear of precipices
懸崖恐懼症

Cryophobia - Fear of extreme cold, ice or frost
嚴寒恐懼症

Crystallophobia - Fear of crystals or glass
玻璃恐懼症

Cyberphobia - Fear of computers or working on a computer
計算機恐懼症

Cyclophobia - Fear of bicycles
自行車恐懼症

Cymophobia or Kymophobia - Fear of waves or wave like motions
波浪恐懼症

Cynophobia - Fear of dogs or rabies
貓狗恐懼症

Cypridophobia, Cypriphobia, Cyprianophobia or Cyprinophobia - Fear of prostitutes or venereal disease
妓女或性病恐懼症

D

Decidophobia - Fear of making decisions
決策恐懼症

Defecaloesiophobia - Fear of painful bowels movements
腸痙攣恐懼症

Deipnophobia - Fear of dining or dinner conversations
餐桌交談恐懼症

Dementophobia - Fear of insanity
不潔恐懼症

Demonophobia or Daemonophobia - Fear of demons
怪物恐懼症

Demophobia - Fear of crowds (Agoraphobia)
人群恐懼症

Dendrophobia - Fear of trees
恐樹症

Dentophobia - Fear of dentists
牙醫恐懼症

Dermatophobia - Fear of skin lesions
皮膚病恐懼症

Dermatosiophobia, Dermatophobia or Dermatopathophobia - Fear of skin disease
皮膚病恐懼症

Dextrophobia - Fear of objects at the right side of the body
右側物品恐懼症

Diabetophobia - Fear of diabetes
糖尿病恐懼症

Didaskaleinophobia - Fear of going to school
上學恐懼症

Dikephobia - Fear of justice
正義恐懼症

Dinophobia - Fear of dizziness or whirlpools
暈眩恐懼症

Diplophobia - Fear of double vision
重影恐懼症

Dipsophobia - Fear of drinking
飲酒恐懼症

Dishabiliophobia - Fear of undressing in front of someone
當眾脫衣恐懼症

Domatophobia - Fear of houses or being in a house (Eicophobia, Oikophobia)
房間恐懼症

Doraphobia - Fear of fur or skins of animals
動物皮毛恐懼症

Doxophobia - Fear of expressing opinions or of receiving praise
讚美恐懼症

Dromophobia - Fear of crossing streets
過街恐懼症

Dutchphobia - Fear of the Dutch
荷蘭人恐懼症

Dysmorphophobia - Fear of deformity
變形恐懼症

Dystychiphobia - Fear of accidents
事故恐懼症

E

Ecclesiophobia - Fear of church
教堂恐懼症

Ecophobia - Fear of home
恐家症 / 住家恐懼症

Eicophobia - Fear of home surroundings (Domatophobia, Oikophobia)
家庭環境恐懼症

Eisoptrophobia - Fear of mirrors or of seeing oneself in a mirror
恐鏡症

Electrophobia - Fear of electricity
恐電症

Eleutherophobia - Fear of freedom
自由恐懼症

Elurophobia - Fear of cats (Ailurophobia)
恐貓症

Emetophobia - Fear of vomiting
嘔吐恐懼症

Enetophobia - Fear of pins
別針恐懼症

Enochlophobia - Fear of crowds
人群恐懼症

Enosiophobia or Enissophobia - Fear of having committed an unpardonable sin or of criticism
不可饒恕的罪過或批評恐懼症

Entomophobia - Fear of insects
昆蟲恐懼症

Eosophobia - Fear of dawn or daylight
凌晨或白天恐懼症

Ephebiphobia - Fear of teenagers
少年恐懼症

Epistaxiophobia - Fear of nosebleeds
流鼻血恐懼症

Epistemophobia - Fear of knowledge
知識恐懼症

Equinophobia - Fear of horses
恐馬症

Eremophobia - Fear of being oneself or of loneliness
孤獨恐懼症

Ereuthrophobia - Fear of blushing
臉紅恐懼症

Ergasiophobia - Fear of work or functioning, Surgeon's fear of operating
工作恐懼症 / 手術恐懼症

Ergophobia - Fear of work
工作恐懼症

Erotophobia - Fear of sexual love or sexual questions
性愛或性問題恐懼症

Euphobia - Fear of hearing good news
好消息恐懼症

Eurotophobia - Fear of female genitalia
女性生殖器恐懼症

Erythrophobia, Erytophobia or Ereuthophobia - Fear of red lights, Blushing or Red
紅光恐懼症 / 懼紅症

F

Febriphobia, Fibriphobia or Fibriophobia - Fear of fever
發燒恐懼症

Felinophobia - Fear of cats (Ailurophobia, Elurophobia, Galeophobia, Gatophobia)
恐貓症

Francophobia - Fear of France or French culture (Gallophobia, Galiophobia)
法國恐懼症

Frigophobia - Fear of cold or cold things (Cheimaphobia, Cheimatophobia, Psychrophobia)
寒冷恐懼症

G

Galeophobia or Gatophobia - Fear of cats
恐貓症

Gallophobia or Galiophobia - Fear France or French culture (Francophobia)
法國恐懼症

Gamophobia - Fear of marriage
結婚恐懼症

Geliophobia - Fear of laughter
懼笑症

Gelotophobia - Fear of being laughed at
嘲弄恐懼症

Geniophobia - Fear of chins
下巴恐懼症

Genophobia - Fear of sex
性交恐懼症

Genuphobia - Fear of knees
膝蓋恐懼症

Gephyrophobia, Gephydrophobia or Gephysrophobia - Fear of crossing bridges
過橋恐懼症

Germanophobia - Fear of Germany or German culture
德國恐懼症

Gerascophobia - Fear of growing old
恐老症

Gerontophobia - Fear of old people or of growing old
恐老症

Geumaphobia or Geumophobia - Fear of taste
品嚐恐懼症

Glossophobia - Fear of speaking in public or of trying to speak
演講恐懼症

Gnosiophobia - Fear of knowledge
知識恐懼症

Graphophobia - Fear of writing or handwriting
書寫恐懼症

Gymnophobia - Fear of nudity
裸體恐懼症

Gynephobia or Gynophobia - Fear of women
女性恐懼症

H

Hadephobia - Fear of hell
地獄恐懼症

Hagiophobia - Fear of saints or holy things
聖人 / 聖物恐懼症

Hamartophobia - Fear of sinning
恐罪症

Haphephobia or Haptephobia - Fear of being touched
撫摸恐懼症

Harpaxophobia - Fear of being robbed
搶劫恐懼症

Hedonophobia - Fear of feeling pleasure
愉悅恐懼症

Heliophobia - Fear of the sun
太陽恐懼症

Hellenologophobia - Fear of Greek terms or complex scientific terminology
複雜科技術語恐懼症

Helminthophobia - Fear of being infested with worms
蠕蟲感染恐懼症

Hemophobia, Hemaphobia or Hematophobia - Fear of blood
暈血症

Heresyphobia or Hereiophobia - Fear of challenges to official doctrine or of radical deviation
挑戰強權恐懼症

Herpetophobia - Fear of reptiles or creepy, crawly things
爬行動物恐懼症

Heterophobia - Fear of the opposite sex (Sexophobia)
異性恐懼症

Hexakosioihexekontahexaphobia - Fear of the number 666
666 恐懼症

Hierophobia - Fear of priests or sacred things
牧師或聖物恐懼症

Hippophobia - Fear of horses
恐馬症

Hippopotomonstrosesquipedaliophobia - Fear of long words
長單詞恐懼症

Hobophobia - Fear of bums or beggars
乞丐恐懼症

Hodophobia - Fear of road travel
陸地旅行恐懼症

Hormephobia - Fear of shock
震驚恐懼症

Homichlophobia - Fear of fog
恐霧症

Homilophobia - Fear of sermons
佈道恐懼症

Hominophobia - Fear of men
男性恐懼症

Homophobia - Fear of sameness, monotony or of homosexuality or of becoming homosexual
同性戀恐懼症

Hoplophobia - Fear of firearms
武器恐懼症

Hydrargyophobia - Fear of mercurial medicines
水銀藥品恐懼症

Hydrophobia - Fear of water or of rabies
恐水症

Hydrophobophobia - Fear of rabies
恐水症

Hyelophobia or Hyalophobia - Fear of glass
玻璃恐懼症

Hygrophobia - Fear of liquids, dampness, or moisture
潮濕恐懼症

Hylephobia - Fear of materialism, or the fear of epilepsy
拜金恐懼症 / 癲癇恐懼症

Hylophobia - Fear of forests
森林恐懼症

Hypengyophobia or Hypegiaphobia - Fear of responsibility
責任恐懼症

Hypnophobia - Fear of sleep or of being hypnotized
睡眠恐懼症

Hypsiphobia - Fear of height
恐高症

I

Iatrophobia - Fear of going to the doctor or of doctors
醫生恐懼症

Ichthyophobia - Fear of fish
恐魚症

Ideophobia - Fear of ideas
想法恐懼症

Illyngophobia - Fear of vertigo or feeling dizzy when looking down
俯視恐懼症

Iophobia - Fear of poison
毒藥恐懼症

Insectophobia - Fear of insects
昆蟲恐懼症

Isolophobia - Fear of solitude, being alone
孤獨恐懼症

Isopterophobia - Fear of termites, insects that eat wood
白蟻恐懼症

Ithyphallophobia - Fear of seeing, thinking about or having an erect penis
陰莖硬挺恐懼症

J

Japanophobia - Fear of Japanese
日本恐懼症

Judeophobia - Fear of Jews
猶太人恐懼症

K

Kainolophobia or Kainophobia - Fear of anything new, novelty
新思想恐懼症

Kakorrhaphiophobia - Fear of failure or defeat
失敗恐懼症

Katagelophobia - Fear of ridicule
嘲笑恐懼症

Kathisophobia - Fear of sitting down
恐坐症

Kenophobia - Fear of voids or empty spaces
空曠恐懼症

Keraunophobia or Ceraunophobia - Fear of thunder and lightning (Astraphobia, Astrapophobia)
雷電恐懼症

Kinetophobia or Kinesophobia - Fear of movement or motion
運行恐懼症

Kleptophobia - Fear of stealing
偷竊恐懼症

Koinoniphobia - Fear of rooms
房間恐懼症

Kolpophobia - Fear of genitals, particularly female
女性生殖器恐懼症

Kopophobia - Fear of fatigue
疲勞恐懼症

Koniophobia - Fear of dust (Amathophobia)
灰塵恐懼症

Kosmikophobia - Fear of cosmic phenomenon
宇宙現象恐懼症

Kymophobia - Fear of waves (Cymophobia)
波浪恐懼症

Kynophobia - Fear of rabies
恐水症

Kyphophobia - Fear of stooping
俯身恐懼症

L

Lachanophobia - Fear of vegetables
蔬菜恐懼症

Laliophobia or Lalophobia - Fear of speaking
講話恐懼症

Leprophobia or Lepraphobia - Fear of leprosy
麻風病恐懼症

Leukophobia - Fear of the color white
白色恐懼症

Levophobia - Fear of things to the left side of the body
身體左側物品恐懼症

Ligyrophobia - Fear of loud noises
強烈噪音恐懼症

Lilapsophobia - Fear of tornadoes and hurricanes
颶風恐懼症

Limnophobia - Fear of lakes
湖泊恐懼症

Linonophobia - Fear of string
恐繩症

Liticaphobia - Fear of lawsuits
訴訟恐懼症

Lockiophobia - Fear of childbirth
生育恐懼症

Logizomechanophobia - Fear of computers
計算機恐懼症

Logophobia - Fear of words
單詞恐懼症

Luiphobia - Fear of lues, syphilis
梅毒恐懼症

Lutraphobia - Fear of otters
水獺恐懼症

Lygophobia - Fear of darkness
黑暗恐懼症

Lyssophobia - Fear of rabies or of becoming mad
恐水症 / 發瘋恐懼症

M

Macrophobia - Fear of long waits
長時間等待恐懼症

Mageirocophobia - Fear of cooking
烹飪恐懼症

Maieusiophobia - Fear of childbirth
生育恐懼症

Malaxophobia - Fear of love play (Sarmassophobia)
愛情劇恐懼症

Maniaphobia - Fear of insanity
潔癖

Mastigophobia - Fear of punishment
懲罰恐懼症

Mechanophobia - Fear of machines
車床恐懼症

Medomalacuphobia - Fear of losing an erection
陽萎恐懼症

Megalophobia - Fear of large things
巨大恐懼症

Melissophobia - Fear of bees
恐蜂症

Melanophobia - Fear of the color black
黑色恐懼症

Melophobia - Fear or hatred of music
音樂恐懼症

Meningitophobia - Fear of brain disease
腦疾恐懼症

Menophobia - Fear of menstruation
月經恐懼症

Merinthophobia - Fear of being bound or tied up
捆綁恐懼症

Metallophobia - Fear of metal
金屬恐懼症

Metathesiophobia - Fear of changes
變化恐懼症

Meteorophobia - Fear of meteors
流星恐懼症

Methyphobia - Fear of alcohol
酒精恐懼症

Metrophobia - Fear or hatred of poetry
恐詩症

Microbiophobia - Fear of microbes (Bacillophobia)
微生物恐懼症

Microphobia - Fear of small things
小物品恐懼症

Misophobia or Mysophobia - Fear of being contaminated with dirt or germs
細菌感染恐懼症

Mnemophobia - Fear of memories
記憶恐懼症

Molysmophobia or Molysomophobia - Fear of dirt or contamination
感染恐懼症

Monophobia - Fear of solitude or being alone
孤獨恐懼症

Monopathophobia - Fear of definite disease
疾病恐懼症

Motorphobia - Fear of automobiles
汽車恐懼症

Mottephobia - Fear of moths
恐蛾症

Musophobia or Muriphobia - Fear of mice
恐鼠症

Mycophobia - Fear or aversion to mushrooms
蘑菇恐懼症

Mycrophobia - Fear of small things
小物品恐懼症

Myctophobia - Fear of darkness
恐黑症

Myrmecophobia - Fear of ants
恐蟻症

Mythophobia - Fear of myths or stories or false statements
神話恐懼症

Myxophobia - Fear of slime (Blennophobia)
黏液恐懼症

N

Nebulaphobia - Fear of fog (Homichlophobia)
恐霧症

Necrophobia - Fear of death or dead things
恐死症

Nelophobia - Fear of glass
玻璃恐懼症

Neopharmaphobia - Fear of new drugs
新藥恐懼症

Neophobia - Fear of anything new
新事物恐懼症

Nephophobia - Fear of clouds
恐雲症

Noctiphobia - Fear of the night
黑夜恐懼症

Nomatophobia - Fear of names
姓名恐懼症

Nosocomephobia - Fear of hospitals
醫院恐懼症

Nosophobia or Nosemaphobia - Fear of becoming ill
生病恐懼症

Nostophobia - Fear of returning home
回家恐懼症

Novercaphobia - Fear of your step - mother
繼母恐懼症

Nucleomituphobia - Fear of nuclear weapons
核武器恐懼症

Nudophobia - Fear of nudity
裸體恐懼症

Numerophobia - Fear of numbers
數學恐懼症

Nyctohylophobia - Fear of dark wooded areas or of forests at night
黑夜森林恐懼症

Nyctophobia - Fear of the dark or of night
黑暗恐懼症

O

Obesophobia - Fear of gaining weight (Pocrescophobia)
增肥恐懼症

Ochlophobia - Fear of crowds or mobs
人群恐懼症

Ochophobia - Fear of vehicles
車輛恐懼症

Octophobia - Fear of the figure 8
數字 8 恐懼症

Odontophobia - Fear of teeth or dental surgery
牙科手術恐懼症

Odynophobia or Odynephobia - Fear of pain (Algophobia)
疼痛恐懼症

Oenophobia - Fear of wines
葡萄酒恐懼症

Oikophobia - Fear of home surroundings, house (Domatophobia, Eicophobia)
家庭環境恐懼症

Olfactophobia - Fear of smells
氣味恐懼症

Ombrophobia - Fear of rain or of being rained on
下雨恐懼症

Ommetaphobia or Ommatophobia - Fear of eyes
對視恐懼症

Omphalophobia - Fear of belly buttons
肚臍恐懼症

Oneirophobia - Fear of dreams
睡夢恐懼症

Oneirogmophobia - Fear of wet dreams
夢遺恐懼症

Onomatophobia - Fear of hearing a certain word or of names
名稱恐懼症

Ophidiophobia - Fear of snakes (Snakephobia)
恐蛇症

Ophthalmophobia - Fear of being stared at
盯視恐懼症

Opiophobia - Fear medical doctors experience of prescribing needed pain medications for patients
醫生恐懼症

Optophobia - Fear of opening one's eyes
睜眼恐懼症

Ornithophobia - Fear of birds
恐鳥症

Orthophobia - Fear of property
產權恐懼症

Osmophobia or Osphresiophobia - Fear of smells or odors
氣味恐懼症

Ostraconophobia - Fear of shellfish
貝類恐懼症

Ouranophobia or Uranophobia - Fear of heaven
天堂恐懼症

P

Pagophobia - Fear of ice or frost
冰霜恐懼症

Panthophobia - Fear of suffering and disease
患病恐懼症

Panophobia or Pantophobia - Fear of everything
所有事物恐懼症

Papaphobia - Fear of the Pope
教皇恐懼症

Papyrophobia - Fear of paper
恐紙症

Paralipophobia - Fear of neglecting duty or responsibility
失職恐懼症

Paraphobia - Fear of sexual perversion
性變態恐懼症

Parasitophobia - Fear of parasites
寄生蟲恐懼症

Paraskavedekatriaphobia - Fear of Friday the 13th
13 日星期五恐懼症

Parthenophobia - Fear of virgins or young girls
處女或少女恐懼症

Pathophobia - Fear of disease
患病恐懼症

Patroiophobia - Fear of heredity
遺傳恐懼症

Parturiphobia - Fear of childbirth
生育恐懼症

Peccatophobia - Fear of sinning or imaginary crimes
犯罪恐懼症

Pediculophobia - Fear of lice
蝨子恐懼症

Pediophobia - Fear of dolls
布娃娃恐懼症

Pedophobia - Fear of children
兒童恐懼症

Peladophobia - Fear of bald people
禿頂恐懼症

Pellagrophobia - Fear of pellagra
糙皮病恐懼症

Peniaphobia - Fear of poverty
貧窮恐懼症

Pentheraphobia - Fear of mother-in-law (Novercaphobia)
岳母恐懼症

Phagophobia - Fear of swallowing or of eating or of being eaten
害怕被吃掉恐懼症

Phalacrophobia - Fear of becoming bald
禿頭恐懼症

Pharmacophobia - Fear of taking medicine
吃藥恐懼症

Phasmophobia - Fear of ghosts
鬼怪恐懼症

Phengophobia - Fear of daylight or sunshine
白天恐懼症

Philemaphobia or Philematophobia - Fear of kissing
親吻恐懼症

Philophobia - Fear of falling in love or being in love
戀愛恐懼症

Philosophobia - Fear of philosophy
哲學恐懼症

Phobophobia - Fear of phobias
恐懼恐懼症

Photoaugliaphobia - Fear of glaring lights
強光恐懼症

Photophobia - Fear of light
恐光症

Phonophobia - Fear of noises or voices or one's own voice, of telephones
電話噪音、回音恐懼症

Phronemophobia - Fear of thinking
思考恐懼症

Phthiriophobia - Fear of lice
(Pediculophobia)
蝨子恐懼症

Phthisiophobia - Fear of tuberculosis
肺結核恐懼症

Placophobia - Fear of tombstones
墓碑恐懼症

Plutophobia - Fear of wealth
財富恐懼症

Pluviophobia - Fear of rain or of being
rained on
下雨恐懼症

Pneumatiphobia - Fear of spirits
精靈恐懼症

Pnigophobia or Pnigerophobia - Fear of
choking of being smothered
恐噎症

Pocrescophobia - Fear of gaining weight
(Obesophobia)
增肥恐懼症

Pogonophobia - Fear of beards
鬍鬚恐懼症

Poliosophobia - Fear of contracting
poliomyelitis
小兒麻痺症恐懼症

Politicophobia - Fear or abnormal dislike
of politicians
政客恐懼症

Polyphobia - Fear of many things
多物恐懼症

Poinephobia - Fear of punishment
懲罰恐懼症

Ponophobia - Fear of overworking
加班恐懼症

Porphyrophobia - Fear of the color purple
紫色恐懼症

Potamophobia - Fear of rivers or running
water
流水恐懼症

Potophobia - Fear of alcohol
酒精恐懼症

Pharmacophobia - Fear of drugs
藥品恐懼症

Proctophobia - Fear of rectums
直腸恐懼症

Prosophobia - Fear of progress
進步恐懼症

Psellismophobia - Fear of stuttering
口吃恐懼症

Psychophobia - Fear of mind
思維恐懼症

Psychrophobia - Fear of cold
感冒恐懼症

Pteromerhanophobia - Fear of flying
飛行恐懼症

Pteronophobia - Fear of being tickled by
feathers
被羽毛搔癢恐懼症

Pupaphobia - Fear of puppets
木偶恐懼症

Pyrexiophobia - Fear of Fever
發燒恐懼症

Pyrophobia - Fear of fire
恐火症

R

Radiophobia - Fear of radiation, x-rays
輻射恐懼症

Ranidaphobia - Fear of frogs
青蛙恐懼症

Rectophobia - Fear of rectum or rectal
diseases
直腸疾病恐懼症

Rhabdophobia - Fear of being severely punished or beaten by a rod, or of being severely criticized; also fear of magic (wand)
被棍棒抽打責罰恐懼症

Rhypophobia - Fear of defecation
通便恐懼症

Rhytiphobia - Fear of getting wrinkles
皺紋恐懼症

Rupophobia - Fear of dirt
恐土症

Russophobia - Fear of Russians
俄國恐懼症

S

Samhainophobia - Fear of Halloween
萬聖節恐懼症

Sarmassophobia - Fear of love play (Malaxophobia)
言情劇恐懼症

Satanophobia - Fear of Satan
撒旦恐懼症

Scabiophobia - Fear of scabies
疥瘡恐懼症

Scatophobia - Fear of fecal matter
糞便恐懼症

Scelerophibia - Fear of bad men, burglars
惡人恐懼症

Sciophobia Sciaphobia - Fear of shadows
影子恐懼症

Scoleciphobia - Fear of worms
蠕蟲恐懼症

Scolionophobia - Fear of school
上學恐懼症

Scopophobia or Scoptophobia - Fear of being seen or stared at
被盯視恐懼症

Scotomaphobia - Fear of blindness in visual field
恐盲症

Scotophobia - Fear of darkness (Achluophobia)
黑暗恐懼症

Scriptophobia - Fear of writing in public
當眾寫作恐懼症

Selachophobia - Fear of sharks
鯊魚恐懼症

Selaphobia - Fear of light flashes
閃電恐懼症

Selenophobia - Fear of the moon
月亮恐懼症

Seplophobia - Fear of decaying matter
腐爛物質恐懼症

Sexophobia - Fear of the opposite sex (Heterophobia)
異性恐懼症

Siderodromophobia - Fear of trains, railroads or train travel
火車旅行恐懼症

Siderophobia - Fear of stars
星星恐懼症

Sinistrophobia - Fear of things to the left or left-handed
左手物品恐懼症

Sinophobia - Fear of Chinese, Chinese culture
中國恐懼症

Sitophobia or Sitiophobia - Fear of food or eating (Cibophobia)
食物恐懼症

Snakephobia - Fear of snakes (Ophidiophobia)
恐蛇症

Soceraphobia - Fear of parents-in-law
岳母恐懼症

Social Phobia - Fear of being evaluated negatively in social situations
社交中被負面評價恐懼症

Sociophobia - Fear of society or people in general
社交恐懼症

Somniphobia - Fear of sleep
睡眠恐懼症

Sophophobia - Fear of learning
學習恐懼症

Soteriophobia - Fear of dependence on others
信賴恐懼症

Spacephobia - Fear of outer space
外太空恐懼症

Spectrophobia - Fear of specters or ghosts
鬼怪恐懼症

Spermatophobia or Spermophobia - Fear of germs
細菌恐懼症

Spheksophobia - Fear of wasps
黃蜂恐懼症

Stasibasiphobia or Stasiphobia - Fear of standing or walking (Ambulophobia)
行走恐懼症

Staurophobia - Fear of crosses or the crucifix
十字恐懼症

Stenophobia - Fear of narrow things or places
壓抑空間恐懼症

Stygiophobia or Stigiophobia - Fear of hell
地獄恐懼症

Suriphobia - Fear of mice
老鼠恐懼症

Symbolophobia - Fear of symbolism
符號恐懼症

Symmetrophobia - Fear of symmetry
對稱恐懼症

Syngenesophobia - Fear of relatives
親屬恐懼症

Syphilophobia - Fear of syphilis
梅毒恐懼症

T

Tachophobia - Fear of speed
速度恐懼症

Taeniophobia or Teniophobia - Fear of tapeworms
條蟲恐懼症

Taphephobia Taphophobia - Fear of being buried alive or of cemeteries
公墓、活埋恐懼症

Tapinophobia - Fear of being contagious
不確定恐懼症

Taurophobia - Fear of bulls
公牛恐懼症

Technophobia - Fear of technology
技術恐懼症

Teleophobia - Fear of definite plans, Religious ceremony
明確方案恐懼症 / 宗教公墓恐懼症

Telephonophobia - Fear of telephones
電話恐懼症

Teratophobia - Fear of bearing a deformed child or fear of monsters or deformed people
擔心生育畸形兒恐懼症

Testophobia - Fear of taking tests
測試恐懼症

Tetanophobia - Fear of lockjaw, tetanus
破傷風恐懼症

Teutophobia - Fear of German or German things
德國恐懼症

Textophobia - Fear of certain fabrics
布料恐懼症

Thaasophobia - Fear of sitting
恐坐症

Thalassophobia - Fear of the sea
恐海症

Thanatophobia or Thantophobia - Fear of death or dying
死亡恐懼症

Theatrophobia - Fear of theatres
影院恐懼症

Theologicophobia - Fear of theology
神學恐懼症

Theophobia - Fear of gods or religion
神祇或宗教恐懼症

Thermophobia - Fear of heat
恐熱症

Tocophobia - Fear of pregnancy or childbirth
懷孕或生育恐懼症

Tomophobia - Fear of surgical operations
外科手術恐懼症

Tonitrophobia - Fear of thunder
雷擊恐懼症

Topophobia - Fear of certain places or situations, such as stage fright
情景恐懼症

Toxiphobia or Toxophobia or Toxicophobia - Fear of poison or of being accidently poisoned
毒藥恐懼症 / 意外中毒恐懼症

Traumatophobia - Fear of injury
受傷恐懼症

Tremophobia - Fear of trembling
顫抖恐懼症

Trichinophobia - Fear of trichinosis
旋毛蟲病恐懼症

Trichopathophobia or Trichophobia - Fear of hair (Chaetophobia, Hypertrichophobia)
毛髮恐懼症

Triskaidekaphobia - Fear of the number 13
數字 13 恐懼症

Tropophobia - Fear of moving or making changes
改變恐懼症

Trypanophobia - Fear of injections
注射恐懼症

Tuberculophobia - Fear of tuberculosis
肺結核恐懼症

Tyrannophobia - Fear of tyrants
暴君恐懼症

U

Uranophobia or Ouranophobia - Fear of heaven
天堂恐懼症

Urophobia - Fear of urine or urinating
小便恐懼症

V

Vaccinophobia - Fear of vaccination
疫苗恐懼症

Verminophobia - Fear of germs
細菌恐懼症

Vestiphobia - Fear of clothing
服裝恐懼症

Virginitiphobia - Fear of rape
強姦恐懼症

Vitricophobia - Fear of step-father
繼父恐懼症

W

Walloonphobia - Fear of the Walloons
瓦隆人恐懼症

Wiccaphobia - Fear of witches and witchcraft
巫術恐懼症

X

Xanthophobia - Fear of the color yellow or the word yellow
黃顏色恐懼症

Xenoglossophobia - Fear of foreign languages
外語恐懼症

Xenophobia - Fear of strangers or foreigners
外國人恐懼症

Xerophobia - Fear of dryness
乾燥恐懼症

Xylophobia - Fear of wooden objects, fear of Forests
木製品恐懼症 / 森林恐懼症

Xyrophobia - Fear of razors
剃刀恐懼症

Z

Zelophobia - Fear of jealousy
嫉妒恐懼症

Zeusophobia - Fear of God or gods
上帝或神恐懼症

Zemmiphobia - Fear of the great mole rat
鼴鼠恐懼症

Zoophobia - Fear of animals
動物恐懼症

參考資料

American Psychiatric Association. (2013). *Diagnostic and statistical manual of mental disorders (5th ed.)*. Arlington, VA: American Psychiatric Publishing.

Castrol Mafnatec. (2017). Castrol magnatic stop-start index. Retrieved Feb 14, 2017, from http://interone2.azurewebsites.net/campaigns/stop-start-index.html

Cole, G. G., & Wilkins, A. J. (2013). Fear of Holes. *Psychological Science, 24(10),* 1980-1985.

Craske, M. G., Antony, M. M. & Barlow, D. H. (2006). *Mastering your fears and phobias.* New York: Oxford University Press, Inc.

Davey, G. C. (1997). *Phobias: A handbook of theory, research and treatment.* U.S: Wiley-Blackwell.

Dias, B. G. & Ressler, K. J, (2014). Parental olfactory experience influences behavior and neural structure in subsequent generations. *Nature Neuroscience, Vol. 17. No. 1,* p. 89-96.

Darwin, C. R. (1872). *The expression of the emotions in man and animals.* London: John Murray.

Ellis, A. & Bernard, M. E. (1985). *What is rational-emotive therapy (RET). Clinical Applications of Rational-Emotive Therapy.* U.S.: Springer Book Archive.

Freud, S. (1909). *Analysis of a phobia of a five year old boy*. The Pelican Freud Library (1977), Vol 8, Case Histories 1, pages 169-306

Freud, S. (2014). *On the sexual theories of children* (1908). U.S: White Press.

Freud, S. (1963). *The sexual enlightenment of children* (1907). New York: Collier Books.

Gibson, E. J., & Walk, R. (1960). The "visual cliff." *Scientific American, 202,* 80-92.

Holmes T. H., Rahe R. H. (1967). The social readjustment rating scale. *Journal of Psychosomatic Research; 11: 213.*

Hudziak, J. J., Albaugh, M. D., Ducharme, S., Karama, S., Spottswood, M., Crehan, E., Botteron, K. N. (2014). Cortical Thickness Maturation and Duration of Music Training: Health-Promoting Activities Shape Brain Development. *Journal of the American Academy of Child & Adolescent Psychiatry, 53(11)*.

Latta, S. (2014). *Scared Stiff: Everything You Need to Know About 50 Famous Phobias.* U.S.: Paw Prints.

Mailonline, A. M. (2016, November 07). 'I'm so ugly I have to take 200 selfies to find one I like': Beautiful woman opens up about the pain of body dysmorphia. Retrieved February 14, 2017, from http://www.dailymail.co.uk/news/article-3908206/I-m-ugly-200-selfies-one-like-Beautiful-woman-opens-pain-body-dysmorphia.html

Mansell, W. (2007). *Coping with fears and phobias: a step-by-step guide to understanding and facing your anxieties*. Oxford: Oneworld.

Mineka, S., Davidson, M., Cook, Michael. & Keir, R. (1984). Observational conditioning of snake fear in rhesus monkeys. *Journal of Abnormal Psychology, Vol. 93(4)*. Pp 355-372.

Munch, E. (1893). *The scream* [Painting].

Saul, H. (2001). *Phobias: fighting the fear*. New York: Arcade Pub.

Spielberg, S., Marshall, F. & Mercer, S. (2016). *The BFG* [Motion Picture]. U.S: Walt Disney Studios.

Sternberg, R. J. (1986). Triangular Theory of Love. *American Psychological Association, Vol. 93, No. 2*, 119-135.

Rivera, J. (Producer), & Doctor, R. (Director). (2015). *Inside Out* [Motion Picture]. U.S: Walt Disney Pictures

Wordsworth, W. (1807). I My heart leaps up when I behold. *The Poetical Works of William Wordsworth, Vol. 1: Poems Written in Youth; Poems Referring to the Period of Childhood (Second Edition)*.

方婷（2014）。《做自己的心理催眠師——圖解催眠自療》。香港：非凡出版。

艾瑞克•郝蘭德爾、尼可拉斯•具克勒（2007）。《走出社交焦慮的陰影》。 台灣：商周出版

陳可辛（監製、導演）（1994）。金枝玉葉［電影］。香港：電影人製作有限公司。

別再恐懼自己的恐懼
25 個恐懼的治療與自療

著　　者　方　婷
責任編輯　林雪伶
裝幀設計　Viann
繪　　圖　Viann、Winky
排　　版　沈崇熙
印　　務　劉漢舉

出版
非凡出版
香港北角英皇道 499 號北角工業大廈一樓 B
電話：（852）2137 2338　傳真：（852）2713 8202
電子郵件：info@chunghwabook.com.hk
網址：http://www.chunghwabook.com.hk

發行
香港聯合書刊物流有限公司
香港新界大埔汀麗路 36 號
中華商務印刷大廈 3 字樓
電話：（852）2150 2100　傳真：（852）2407 3062
電子郵件：info@suplogistics.com.hk

印刷
美雅印刷製本有限公司
香港觀塘榮業街 6 號海濱工業大廈 4 樓 A 室

版次
2017 年 5 月初版
©2017 非凡出版

規格
220mm×160mm

ISBN
978-988-8463-47-3